# PHILOSOPHISCHE FORSCHUNGEN

HERAUSGEGEBEN VON

KARL JASPERS
ORD. PROFESSOR DER PHILOSOPHIE
IN HEIDELBERG

FÜNFTES HEFT

# HEGELS SHAKESPEARE-INTERPRETATION

VON

DR. MARIA SALDITT

BERLIN
VERLAG VON JULIUS SPRINGER
1927

# HEGELS SHAKESPEARE-INTERPRETATION

VON

DR. MARIA SALDITT

BERLIN
VERLAG VON JULIUS SPRINGER
1927

ISBN 978-3-642-47273-2 ISBN 978-3-642-47688-4 (eBook)
DOI 10.1007/978-3-642-47688-4

# Vorwort.

Die folgende Abhandlung beginnt mit einem aus HEGELS Philosophie herausgerissenen Satz. „Das Endliche ist nicht das Reale, sondern das Unendliche.“ Diese Behauptung ist zunächst dunkel. Ich mühe mich um das Verstehen solcher Worte. Das eigene begrenzte Denken will die Substanz dieser Philosophie erfassen. Es sieht sich vom herausgegriffenen Satz, von dem es zunächst betroffen war, auf das Ganze gewiesen. Aber im Ganzen sieht es als Voraussetzung, ohne die ein verstehendes Aneignen nicht vollzogen werden kann, die Forderung HEGELS: „Das Erste der Philosophie aber ist, das absolute Nichts zu erkennen.“ Diese Forderung kann es nicht restlos erfüllen.

Auch im absoluten Nichts steht dieses begrenzte Denken noch einer Realität gegenüber — ja, mitten in einer Realität, in sich selbst, der persönlichen Existenz, einer Grenze: dem „Endlichen“.

Selbstvergessen kann sich das begrenzte Denken von HEGELS Wissen tragen lassen, von einem fremden Gedankenkreis und seiner mächtigen Musik: die persönliche Existenz scheint in ihm aufgelöst „im Element der Allgemeinheit“. Oder — das begrenzte Denken kann sich nicht vergessen. In das Wissen HEGELS dringt es als Frage ein — so zäh in seinem Fragen wie HEGEL in seinem Wissen. In die Gedanken HEGELS richtet es sich hinein, in den dunkelsten Inhalt seiner Philosophie: in einen Begriff, der für HEGEL jede Realität verloren hat — den Begriff des „Endlichen“, und in eine Realität dieses Begriffs, die von HEGELS Interpretation sich selbst überlassen bleibt — die Welt der „nur auf sich selbst verwiesenen Individualität“ — SHAKESPEARES Welt.

Heidelberg, den 27. April 1927.

Maria Salditt.

# Inhaltsverzeichnis.

# I. Der Begriffskreis, das Endliche und das Individuelle in Hegels Philosophie.

„Das Endliche ist nicht das Reale, sondern das Unendliche"[1]. — Die Stoßkraft der Philosophie HEGELS sammelt sich in einer solchen Behauptung. Man hält sie fragend fest: „Das Endliche"? Es umfaßt den weitesten und engsten Kreis des Daseins — als weitesten, alles, was der Zeit verfallen ist, alles Vorübergehende — als engsten, das von der Zeit, vom Tod in der Zeit eingeschlossene Ich, das ganz bestimmte Ich als „Dieser". Es kann fast inhaltlos erscheinen — als dieses sich selbst gegenüberstehende „Ich denke". Man erfaßt sich als Denkenden und zugleich sich als Diesen — als Grenze des Denkens: „Das Endliche".

HEGELS Philosophie stößt sich davon ab, indem sie dieses schwere einschränkende Reale — das Endliche — als eine Nichtrealität erklärt und eine andere Realität — die des Unendlichen — ergreift. Negativ überwindet HEGEL die Grenze des in der persönlichen Existenz eingeschlossenen Denkens durch eine gewaltsame Umkehrung des Erkennens. „Das Endliche ist nicht das Reale, sondern das Unendliche." Dogmatisch wird diese Umkehrung gefordert und festgehalten[2].

---

[1]) Logik I, S. 139. Ich zitiere die einzelnen Werke nach der Ausgabe von LASSON. Die sämtlichen Werke in der Originalausgabe zitiere ich als Werke, Band, Seite. — Eine Denkbehauptung muß im Gedanken selbst gesehen werden, der sie trägt und realisiert, in HEGELS Gesamtwerk, hier im besonderen, Logik S. 127ff., vgl. auch Begriff der Religion (Die Dialektik des Endlichen), S. 127ff. Die Arbeit gibt keinen Kommentar und nimmt hier nur den Ansatz zu einer Fragestellung.

[2]) Diese dogmatische Negation zu realisieren, ist Aufgabe der Philosophie HEGELS: „Sie hat in allem Endlichen die Endlichkeit aufzuzeigen und durch Vernunft die Vervollständigung desselben zu fordern." (ROSENKRANZ: Hegels Leben, S. 96). Hegel ergreift das Unendliche als Aufgabe und Besitz des denkenden Begreifens (vgl. Logik I, S. 127ff.). Er verneint dogmatisch den dialektischen Erkenntnisweg des Endlichen im „Unendlichen Progreß" — das „Schlecht-Unendliche" des Kritizismus: „Das Unwahre ist das Unerreichbare; und es ist einzusehen, daß solches Unendliche das Unwahre ist" (Logik I, S. 138). Dogmatisch ist eine solche Haltung im Sinne der Briefe SCHELLINGS (vgl. Philosophische Briefe über Dogmatismus und Kritizismus, SCHELLING, Werke I, S. 331ff.), vgl. zur Negation des Endlichen im besonderen, Werke I, S. 1—155 (Glauben und Wissen), vgl. auch die Forderung: „Das Erste der Philosophie aber ist, das absolute Nichts zu erkennen" (Werke I, S. 133). Die Logik verdeutlicht, was eine solche Erkenntnis verlangt: Um die Erkenntnis der „unendlichen Form, das ist des Begriffs" zu erreichen, „mußte jene endliche Bestimmtheit, in der die

HEGELS Meisterschaft ermöglicht ihr Hervortreten an immer neuem Stoff. Sie durchdringt ihn nicht geduldig, sie zertrümmert den Stoff — das Reale — und wirft ein scharfes Licht auf die Trümmer, durch die sie sich in raschem Zusammenhang bewegt. In dieser zusammenhängenden Selbstbewegung behauptet sie sich — eine Begriffsidealität. So ringt das Denken der Phänomenologie damit, alles einzuschließen. Das der Logik hält sich in der vorsichtigsten Durchführung der von ihm beherrschten Formen des Gegensätzlichen. Es findet immer neue Einzelheiten des Bewußtseins und verdrängt sie durch andere, gegensätzliche, zuletzt durch die einfache und allerdunkelste eines Selbstbegriffs, der reines Wissen sein soll, ein Punkt — ein Kreisen um ihn von reinen, d. i. leeren Formen einer in sich erstarrenden Denkbewegung, in der „das Sein als reiner Begriff an sich selbst und der reine Begriff als das wahrhafte Sein gewußt wird"[1]).

Wie entreißt sich dieser Begriff dem Gegensatz eines anderen Seins? Er hat sich ihm nie überlassen und bringt sich selbst hervor. Er ist und zwingt die Möglichkeit einer gegensätzlichen Bewegung den Kampf gegen sich selbst, in sich hinein und biegt ihn um in der Darstellung einer ideellen Gegensätzlichkeit. „Die Negation ist so als Idealität bestimmt; das Ideelle ist das Endliche, wie es im wahrhaften Unendlichen ist, — als eine Bestimmung, Inhalt, der unterschieden, aber nicht selbständig seiend, sondern als Moment ist"[2]). In seinem erreichten Resultat steht ihm nichts entgegen und er steht nichts gegenüber[3]) — „der Geist, der sich selbst, und zwar für sich als Geist durchläuft"[4]). In vollkommener Begriffseinsamkeit soll ein Werk geschaffen werden — in der Logik[5]). Das Werk schafft sich selbst, ein Resultat, das möglichst ohne Inhalt sich in seiner reinen Form bewegt. So ist in der Logik die Umklammerung des Begriffs die stärkste, die Kunst die komplizierteste, aus der leeren Peripherie des Begriffs in immer feinere Kreise seiner Gegensätzlichkeit zu dringen und ihn so zu erfüllen. Keine Bewegungsmöglichkeit außerhalb des Begriffs wird anerkannt, keine Bewegung, in der das

Form als Ich Bewußtsein ist, noch abgestreift werden" (Logik I, S. 46). Eine andere Stelle: „Das Individuum macht selbst diesen Weg im Aufzehren seiner selbst oder in der Wissenschaft, denn in dieser geht das natürliche Wesen des Subjekts zugrunde" (Aphorismus der Jenenser Periode, bei ROSENKRANZ: Hegels Leben, S. 548). Auf die Negation des Individuums als des „Endlichen" geht die Arbeit weiter ein.

[1]) Logik I, S. 42. [2]) Logik I, S. 139.

[3]) Das Resultat der Phänomenologie („die Befreiung von dem Gegensatze des Bewußtseins"), vgl. dazu Logik I, S. 30 („Die reine Wissenschaft setzt somit die Befreiung von dem Gegensatze des Bewußtseins voraus").

[4]) Phänomenologie, S. 514.

[5]) — — „nur Sein; dies Einfache, das sonst keine weitere Bedeutung hat, dies Leere, ist also schlechthin der Anfang der Philosophie" (Logik I, S. 63). (HEGEL hat eine Vorliebe für das Wort „schlechthin" — das „schlechthin Substantielle" —).

reine Wissen selbst wieder Moment wird — die es einschränkt zur „subjektiven Wahrheit". Der Begriff duldet keinen Widerspruch und schließt die reale Denkbewegung, die zu einem Widerspruch seiner selbst über ihn hinausgehen könnte, in sich ein. So bricht sie ab und geht in sich selbst zurück wie das Meer in Ebbe und Flut. Ihre Scheinfreiheit ist vollkommene Abhängigkeit von HEGELS Begriff. Sie hat sich einer Peripherie unterworfen, die abschließt, einschließt, ausschließt[1]).

Und die Mitte, die ihre Peripherie nicht erreicht, die sie im Unendlichen hat und sich an allen Radien des Realen ins Unendliche bewegt? Ihrem Progreß widersteht HEGELS Begriff, der starre Kreis eines letzten Resultats, „die sich erreicht habende Linie, die geschlossen und ganz gegenwärtig ist, ohne Anfangspunkt und Ende"[2]).

Wenn das Denken nun aber einen solchen neuen Anfangspunkt erreichen könnte, wenn es zurückginge in die ausgeschlossene Wirklichkeit eines anderen, in die Frage nach dunkel gebliebenen Möglichkeiten eines anderen, aus denen heraus auch das Absolute des Begriffs überschritten werden könnte, ja müßte — wenn sich das Denken in die Abhängigkeit eines diesen dogmatischen Begriffskreis Entgegengesetzten begeben wollte, dann würde es diesen Begriff auflösen. Von innen heraus könnte es ihn durchbrechen und das dem Begriff Entgegengesetzte in ihn hineintragen, wenn es in die Darstellung seiner Gewißheit zugleich die Darstellung einer Ungewißheit fügte und diesen zwei Herren diente.

„Das Endliche ist nicht das Reale, sondern das Unendliche". — Wenn nun das reale Endliche doch ein selbständig Seiendes wäre und sich gegen die Idealität des Begriffs, in dem es nur Moment ist, bewegte. Wenn seine Bewegung in diese Idealität eindringen könnte, wenn das Moment selbst, das schon in ihr enthalten ist, sich selbständig erheben könnte, dann wäre die Idealität durchbrochen. Sie würde selbst Moment jener Bewegung, die sie als herrische Einheit umklammert und bezwingt, Moment einer Antinomie, der des ideellen, d. i. begriffenen Endlichen und der des realen Endlichen. Die dogmatische Negation, die diese Antinomie begrifflich beherrschen wollte,

[1]) Vgl. Logik I, S. 138. Vernunft in der Geschichte (2. Aufl.), S. 163: „Gegen den Gedanken, den Begriff, kann keine beschränkte Gestalt sich festmachen." Dann setzt HEGEL die Möglichkeit: „Gäbe es so etwas, was der Begriff nicht verdauen, nicht auflösen könnte. . . ." Er rettet sich wieder in die unberührbare Einsamkeit des Gedankens: „Aber gäbe es so etwas, so wäre es nur der Gedanke selbst, wie er sich selbst faßt." Und der Gedanke hilft sich selbst: „Denn nur er ist das in sich Unbeschränkte . . ." HEGELS Gedanke rührt an seine Begriffsgrenze und fällt in die wesentliche Richtung seines selbstgenügsamen Kreislaufs zurück — ohne „böse Träume": „Der Begriff des Geistes ist Rückkehr in sich selbst . . ." (S. 163f.).

[2]) Logik I, S. 139.

wäre in der Bewegung ihres eigenen Gegensatzes festgehalten; sie existiert dann in nicht über dem realen Endlichen — im „Schlecht-Unendlichen“ des „Unendlichen Progresses“. Ihre Überlegenheit war dann ein Sprung, der nichts entschied. Die Darstellung dieses Sprungs bleibt ein Meisterwerk; aber die Gewißheit, daß er in die einzige Realität des Wahren führt, fällt in ihren Gegensatz zurück.

Der Sprung vom realen Endlichen in das „ideelle“ eines Begriffs zeigt sich schon in einem Jugendfragment[1]). Das reale Endliche erscheint als Macbeth. Macbeth mordet, um höchste Geltung zu erreichen, kommt zu sich selbst, einen Augenblick, und erkennt die Geltungslosigkeit seines Wütens, die Erfüllung: sie ist hohl. Er hat gewählt. Er hat sich in ihr erschöpft. Es bleibt ihm nur der Todeskampf. HEGEL nimmt diese Gestalt in eine Gedankenführung hinein. Sie bleibt ungelöst darin liegen. HEGEL will nicht Macbeth erklären. Über diesen hinweg schafft er eine abstrakte Begriffswirklichkeit — „das Schicksal und seine Versöhnung“ — bewegt sich durch ihren Gegensatz und sucht ihn zu überwinden. Von der Tatsache eines Schicksals — Macbeth, das Jüdische Volk — wendet er sich aus seinem dunkelsten Ich heraus mit „Abscheu“ ab — also unversöhnt[2]). Dieser von der Tatsache geweckte Abscheu entscheidet die Begriffsordnung. So hat sich der, der sie denkt, schon von der einen Seite, so wie sie sich ihm wirklich zeigte, abgewandt. Er streift sie noch einmal darstellend und läßt sie wieder liegen. Aus dem Nebeneinander einer Antinomie — Schicksal, Versöhnung — wird ein entschiedenes Nacheinander, Übereinander. Die Versöhnung wird über das Schicksal erhoben. HEGEL wollte dieses Resultat. Er denkt es sich aus, und ein ausgedachtes Schicksal wird von einer ausgedachten Versöhnung überwunden. Daß dabei die dunkle Wirklichkeit sich nicht mitbewegt hat und als Schicksal und als Abscheu unüberwunden liegenbleibt[3]), das ist gerade das Eigentümliche an HEGELS Dialektik. Sie setzt erst an, wo die Wirklichkeit liegenbleibt, als ein „Es ist so“ — und schwingt sich in die Welt des Begriffs, eine schrankenlose Welt, in der man immer hinkommt, wohin man will, wenn man an der rechten Seite abspringt und also vorher nur weiß, wohin man will und dort die Dialektik zum Halten bringt — Dinge, die HEGEL immer wußte.

Die dunkle Wirklichkeit des realen Endlichen wird zum Ansatz, von dem sich der Gedanke abstößt, um nicht mehr zurückzukehren.

---

[1]) „Das Schicksal und seine Versöhnung“ (ROSENKRANZ: Hegels Leben, S. 493ff.). Auch das vorhergehende Fragment zur „Geschichte der Juden“.

[2]) S. 492.

[3]) Vgl. auch ROSENKRANZ, S. 49: „Hegels Ansicht der jüdischen Geschichte ...“

Der Ansatz geht verloren in einer mächtigen Komposition des Absoluten. Er wird in ihr vertont: „Das Ideelle ist das Endliche, wie es im wahrhaften Unendlichen ist, — als eine Bestimmung, Inhalt, der unterschieden, aber nicht selbständig seiend, sondern als Moment ist“[1]). So als Motiv verwandt, wird das Endliche zur schönsten Erscheinungsform des „Absoluten“, das ohne den lebendigen Schein dieses „ideellen“ Widerspruchs das tote „Es ist so“ darstellte. So wird es nun Träger der „wahrhaften Unendlichkeit“ des Begriffs, Träger und Leben. HEGEL gibt diesem „ideellen“ Endlichen ein Dasein, das über seine reale Nichtigkeit für den philosophierenden HEGEL hinwegtäuscht. Es wird zum Spiel einer doppelten Weltanschauung, einer begrifflichen, die es dogmatisch abstößt und einer ästhetischen, die es als Begriffssymbol in die Darstellung zurücknimmt. So dient es einem Denkkunstwerk — „der bacchantische Taumel, an dem kein Glied nicht trunken ist[2])“ — ganz aufgelöst und doch in die Bestimmtheit eines letzten Resultats gezwungen.

Die Arbeit sucht das „Endliche“ in HEGELS Begriffsidealität, und zwar „jene endliche Bestimmtheit, in der die Form als Ich Bewußtsein ist“[3]). Aber wie soll die gefunden werden? HEGELS eigene Individualität ist in der „unendlichen Form“ — d. i. im Begriff — untergegangen. Sie muß nun im Stoffkreis dieser unendlichen Form als angeschaute, vermittelte Individualität noch hervortreten — als ideelles Moment und ideeller Gegensatz unselbständig gehalten in HEGELS Begriffskreis. Die Arbeit sucht sie im besonderen dort auf, wo eine Beziehung der „ideellen“ Individualität zur noch unvermittelten realen selbst möglich ist, zum Stoff als solchen, wo er von HEGELS Begriff noch nicht durchdrungen ist. Dort ist zu erkennen, ob der Stoff selbst der „Individualität“ eine noch unvermittelte Selbständigkeit läßt, die andere Momente an sich trägt als die in HEGELS Begriff geltenden, die sich anders durchdringen und verstehen läßt.

Es gibt Versuche, die sich selbst als Stoff nahmen: KIERKEGAARD. Sie sind die eigentlichen, tiefsten, schöpferischen. Aber es ist auch möglich, sich mit HEGEL betrachtend zu verhalten und in einem Stoffkreis, der nicht direkt man selbst als Individualität ist, das Wesentliche, Reale zu suchen. Ein solches Stoffgebiet ist die Shakespearewelt des „Endlichen“.

Die Untersuchung nimmt einen doppelten Ansatz — den einen durch HEGELS Begriffsidealität hindurch, den anderen in unmittelbarer Beziehung zur Stoffwelt — den einen hin zum „ideellen“ Moment der Individualität, wie es in HEGELS Begriff untergeht — den an-

[1]) Logik I, S. 139. [2]) Phänomenologie, S. 31. [3]) Logik I, S. 46.

deren in einer Haltung, die die Individualität als ein selbständig Seiendes verstehen will — im Versuch. HEGEL braucht gar keine Erkenntnismethode, sondern nur eine Darstellungs- oder Explikationsmethode. Er besitzt seine Erkenntnis dogmatisch. Dogmatisch wird das Resultat vorweggenommen — als erreichbar und erreicht[1]). Was kann dann noch dargestellt werden? Die Geschichte des Resultats[2]), eine es erschöpfende Analyse, eine Veranschaulichung, in der es sich unter allen erreichbaren Ausdrucksformen wiederholt[3]). So bringt die Darstellung den Inhalt eines Resultats, das nicht methodisch erkannt, sondern geglaubt werden muß, hervor. So erzählt die Darstellung, wie eine dogmatische Negation alle Einzelheiten des Bewußtseins „verzehrt" — wie HEGEL selbst sagt — und sich so am Dasein erhält. So wird der von ihr aufgehobene Gegensatz auch Erkenntnisinhalt, aber er hat nur relative Geltung — oder, wie HEGEL lieber sagt — „ideelle". Er wird dogmatisch relativiert und nicht erschöpft in einem Begriff[4]). Dagegen eine andere Interpretation: sie versucht in das „reale Endliche" der Individualität einzudringen. Wie kann sie das denkend tun, ohne der Begriffsidealität des Denkens zu verfallen? Es ist ein Müssen da. Das verstehende Denken bleibt im Kreis des jeweiligen Begreifens eingeschlossen — des jeweiligen — nicht eines absoluten: es kann sich auch jeweilig überschreiten — im

[1]) Vgl. S. 1 d. Arbeit Anm. 2.

[2]) Vgl. Phänomenologie, S. 520: „Die Geschichte ist das wissende, sich vermittelnde Werden." Ein Aphorismus aus der Jenenser Periode (ROSENKRANZ: Hegels Leben, S. 548): „Der zweite Kreislauf des Absoluten selbst" . . ., „so daß der Geist als Bewußtsein jenes sein Werden an ihm selbst als einen gewordenen erzeugt." Auch in der Logik I, S. 41: . . . „als der Verfasser die Wissenschaft bereits kennt, daher historisch . . ." In der Vernunft in der Geschichte sagt HEGEL, daß das ganze Gemälde Mittel dieser dialektischen Selbstdarstellung des Geistes ist: „Die Momente, die der Geist hinter sich zu haben scheint, hat er auch in seiner gegenwärtigen Tiefe. Wie er in der Geschichte seine Momente durchlaufen hat, so hat er sie in der Gegenwart durchlaufen — im Begriffe von sich." (Vernunft in der Geschichte, S. 166), vgl. auch Begriff der Religion, S. 278: „Dieses Bewußtsein muß angeschaut werden: die ewige Geschichte Gottes und der Menschheit . . . und das Bewußtsein schaut sie an mit dem Bewußtsein seiner selbst in der Geschichte . . ." Die Form der Geschichte, der Entwicklung, ist nach HEGELS eigener Aussage selbst Schein. Das Resultat ist — und wird erschöpft: „Wir haben es nach der Seite der Geschichte vielmehr mit dem zu tun, was gewesen ist und mit dem, was ist, — in der Philosophie aber mit dem, was weder nur gewesen ist, noch erst nur sein wird, sondern mit dem, was ist und ewig ist — mit der Vernunft, . . ." (Vernunft in der Geschichte, S. 200). Eine Geschichte ohne „Zeit": „denn im wahrhaft Geistigen und in der Idee ist keine Reihe noch Folge . . ." (Werke I, S. 152). Vgl. auch Phänomenologie, S. 515.

[3]) Eine das Resultat erschöpfende Analyse: die Logik. Die Geschichte des Resultats — eine Selbstdarstellung des Resultats: die Phänomenologie. Veranschaulichung: Naturphilosophie, Religions- und Geschichtsphilosophie — und — mehr ein Schatten, die Ästhetik.

[4]) Dazu die widerspenstige „Natur" (Enzykl. §§ 247, 248, 250) und das „endliche Ich" — in HEGELS Gesamtwerk; im Begriff der Religion (die endliche Einheit), S. 136 ff.

Versuch „mit dem Endlichen als solchen behaftet" — „dadurch begrenzt und selbst endlich" — auf einer Grenzlinie, die es im Versuch immer überschreitet und nie endgültig abschließt[1]).

Hegels Philosophie stellt ein Resultat dar. Sie erzählt sich selbst. Eine andere wäre die fragende, die sich von Wirklichkeit zu Wirklichkeit und Gedanke zu Gedanke weiterfragt, ohne den Hintergrund des reinen Wissens. Demgegenüber erscheint Hegels Philosophie als Ganzes in einer mythischen Klarheit. Man erkennt dort eine vorbildliche Bestimmtheit des Gedankens[2]), man überläßt sich ihm aber nicht, sondern eignet ihn einer fragenden Dialektik an. Was geschieht mit ihm? In der darstellenden Dialektik wird er Glied einer Geschichte, die das absolute Wissen uns erzählt. In der fragenden wird er eine Grenzbehauptung — Träger einer Wirklichkeit, soweit er reicht — um dann überschritten zu werden. Die Arbeit versucht, die Grenze eines anderen begrifflichen Denkens zu überschreiten — die Hegels — und sie versucht von der anderen Seite her, sich auf der Grenze des eigenen begrifflichen Denkens zu bewegen — d. h. sie sucht das Wesentliche der Individualität in bestimmten Momenten, wenn das „schlechthin Substantielle", die Sphäre des Unpersönlichen, von der sie getragen wird, abfällt und die Individualität in sich selbst hervortreten muß und sich selbst gegenübersteht. Sie hat sich in einer Krise der Selbstentfremdung überschritten — sich — d. h. eine Existenzform, die war und die ihr in einem entscheidenden Moment entgleitet. Sie wird in sich selbst isolierte, einsame Existenz, bezogen auf ein Vergehendes und auf sich selbst, wie sie ist, als ein unmittelbar Gegenwärtiges, das sich nun erschöpft, an das sie sich hält — an ein „Ich selbst allein" in der Krise ihres Werdens. Diesen Moment will die Arbeit erfassen und sie macht den Versuch, in ihm die Erscheinungsform der Individualität momentan zu durchdringen. —

Die Individualität taucht bei Hegel in drei Sphären des Realen auf:

1. In dem von Hegel nicht vermittelten, sich selbst überlassenen Bereich der Natur. Sie erscheint in diesem Chaos als das „empirisch Einzelne", in dem die Zufälligkeit am größten ist[3]).

---

[1]) Vgl. Hegels Angriff (Werke I, S. 14ff.); Logik, S. 138, von Hegel verurteilt; Begriff der Religion, S. 136ff.

[2]) „Das Festhalten des Begriffes in der Form des Begriffes" ... im „Elemente" des Begriffs (vgl. Phänomenologie, S. 513f.), vgl. auch das Negative dieser Bestimmtheit, wenn sie nicht am Gedanken, sondern am Denkenden erscheint (Logik, S. 100f.). „Ebenso kann die Substantialität der Individuen nicht gegen jenen Satz bestehen ..."

[3]) Enzykl. § 250, Zusatz der zweiten Ausgabe: „am größten ist diese Zufälligkeit im Reiche subjektiver Individualität ...", vgl. dazu Werke I, S. 146 (Glauben und Wissen), ein Ausdruck, früher Abneigung. Vgl. auch Werke I, S. 265; Vernunft in der Geschichte, S. 54, der von ihr abgestoßene Begriffskreis.

2. In dem durch HEGELS Begriff vermittelten Realen. Die Individualität ist hier, wie HEGEL sagt, „der Boden, in den das geistige Moment des Wissens als solches fällt". Sie erscheint festgehalten in der Indifferenz eines solchen Bodens, der selbst nichts werden kann, aber das Absolute zugleich trägt, seine obgleich nur „formelle Realität"[1]).

3. Im „inneren Mittelpunkt" des Religiösen[2]).

In diesen drei Sphären müßte die ideelle Geltung der Individualität hervortreten, wenn HEGELS Begriff eine solche zuläßt und das „Ideelle" die Individualität nicht in ihrem Wesen aufhebt. Als „Ich" ist sie „das höchste Extrem des Gegensatzes, das Gegenüber der ganzen Fülle des Idee"[3]). Zugleich ist dieser Gegensatz „Atom", ein bis zur unwesentlichen Nichtigkeit heruntergesetztes Moment — inaktiv[4]). Es ist der tote Gegensatz des indifferenten Stoffes, den der Begriff sich zur Realität erhebt und formt — die „formelle Realität" des Absoluten, wie HEGEL sagt[5]) — eine Leere. Aber diese „formelle Realität" ist mit einem Naturzusammenhang, mit „Zufälligkeit" behaftet und gehört so zugleich in das von HEGELS Begriffswelt ausgeschlossene, unvermittelte Chaos, in dem „der Zufall, die Besonderheit ihr ungeheures Recht auszuüben vom Begriffe die Macht erhält"[6]). Zugleich ist sie in den unantastbaren Mittelpunkt des Religiösen entrückt[7]). Zugleich steht sie in einer Sphäre der „individuellen Freiheit", in der sie für die Unantastbarkeit des Religiösen mitten in der Welt des äußeren Naturzusammenhangs — sie selbst der Macht der Natur preisgegeben — verantwortlich sein soll.

So reißen alle Mächte an dieser „formellen Realität" und lösen sie auf in ein Nebeneinander: als das „empirische Einzelne" im Kreis der Natur — als ein in absoluter Indifferenz untergegangener Wert im Religiösen und als ein Postulat in der Verantwortung für das Religiöse — das aber nicht dazu kommt, sich zu verwirklichen; denn das Religiöse ist in ihm — und ist „selbstbestimmend" in ihm[8]). So selbstsicher und beziehungslos setzt HEGEL den „inneren Mittelpunkt" des Göttlichen in den der Individualität hinein wie den

---

[1]) „Das Endliche" — in allen Werken.

[2]) „Das Allgemeine" — HEGELS dritte Realität, auch in allen Werken.

[3]) Vernunft in der Geschichte, S. 69.

[4]) Vernunft in der Geschichte, S. 53: „denn was das Individuum für sich in seiner Einzelheit sich ausspinnt, kann für die allgemeine Wirklichkeit nicht Gesetz sein . . ."

[5]) Vernunft in der Geschichte, S. 70.

[6]) Vernunft in der Geschichte, S. 54. Eine frühe Anschauung dieser „Macht der Natur" in den Alpen (1796) — (ROSENKRANZ: HEGELS Leben, S. 481f.). Ideell betrachtet: die „Ohnmacht der Natur" (Enzykl. § 250; Werke I, S. 146; Begriff der Religion, S. 13, 273).

[7]) Vernunft in der Geschichte, S. 88.

[8]) Vernunft in der Geschichte, S. 85; Begriff der Religion, S. 141.

„Zufall", wie die „geistige Zufälligkeit"[1]) — „die Willkür", eine Macht, in der die Individualität hervortreten könnte — im Ursprung, die Sphäre der individuellen Freiheit. Diese dunkle Macht wird für die Erhaltung des Religiösen verantwortlich? So „fällt der Schuld der Individuen selbst die religiöse und sittliche Schwächung, Verderben und Verlust anheim"[2])? — Aber nur scheinbar: Dies Religiöse erhält sich selbst, eine in sich feste Substanz[3]). Warum aber dann die Verantwortung der Individuen? die Schuld?

Die Fragen drehen sich im Kreise um diesen sich immer verflüchtigenden inneren Mittelpunkt und versuchen, eine unentwirrbare Verwicklung aufzulösen[4]): ein sich widerstreitendes Chaos, in dem die Existenzmöglichkeiten sich gegenseitig verdrängen: „Ich bin der Kampf" — sagt HEGEL[5]) — aber ein Denkkampf — und er sieht sich selbst zu — wissend: und das „Wissen besteht vielmehr in dieser scheinbaren Untätigkeit, welche nur betrachtet, wie das Unterschiedene sich an ihm selbst bewegt und in seine Einheit zurückkehrt"[6]). Und er erkennt den inneren Mittelpunkt in diesem Chaos der einzelnen Existenz. Sie verliert sich als „Mittel" in der hellen Begriffswelt. Sie ist ein Spielzeug in der dunklen Welt der unbegriffenen, sich selbst überlassenen „Naturgewalt" und „Zufälligkeit". Aber — „Zweck in ihm selbst ist der Mensch nur durch das Göttliche, das in ihm ist"[7]). Wie kommt dieses individuelle Nichts zum Göttlichen? Die Selbstvernichtung trägt das Ich in diese dritte Realität, in eine mystische Wirklichkeit, in der das Ich, der „unbegreifliche Anfangspunkt" verschwindet[8]). Die Verantwortung für das Religiöse ist in ihrer Verborgenheit keine Aufgabe — und was

---

[1]) Enzykl. § 248. [2]) Vernunft in der Geschichte, S. 85.

[3]) Begriff der Religion, S. 160.

[4]) Die Fragen versuchen hier nicht, eine Beziehung zwischen HEGELS Denken und der in ihm nicht vermittelten Wirklichkeit herzustellen. Ein solcher Versuch müßte in eine Auseinandersetzung geraten, die nichts mehr mit HEGEL und HEGELS SHAKESPEARE-Interpretation zu tun hat. Letzthin läßt sich die religiöse Existenz nicht unmittelbar auf das Denken eines anderen beziehen. Sie läßt sich am einzelnen einmalig beschreiben in der Form einer ununterbrochenen Auseinandersetzung (KIERKEGAARD) — oder auch so, wie DOSTOJEWSKI erzählt — oder auch im Versuch einer Interpretation solcher Darstellungen.

[5]) Begriff der Religion, S. 241.

[6]) Phänomenologie, S. 519. [7]) Vernunft in der Geschichte, S. 85.

[8]) Jenenser Logik, S. 160: „der Beweis geht in dieses zurück, aber er geht nicht aus diesem hervor, sondern fängt bei einem unbegreiflichen Anfangspunkt an, nämlich dem der Existenz, der sich freilich aufheben muß." Vgl. auch Vernunft in der Geschichte, S. 88: „die Religiösität, die Sittlichkeit eines beschränkten Lebens ...". Vgl. auch bei ROSENKRANZ: HEGELS Leben, S. 197: „Seine Natur, sein Stand, versinkt wie ein Traumbild ..." Begriff der Religion, S. 3: „wie wir auf der höchsten Spitze eines Gebirges von allem bestimmten Anblick des Irdischen entfernt, in den blauen Himmel uns hineinsehen ..."

Hegel vom „ewigen Gericht“[1]) sagt, bleibt in ihrer eingeschlossenen Einfachheit ein schönes Wort. Dem Vernunftkreis selbst indifferent[2]) und jeder Realität entnommen ist die religiöse Existenz nicht mehr „dieses Individuum“[3]) — aber was ist sie nun? ist eine solche Existenz überhaupt möglich? Begriffswirklichkeiten sind nicht immer möglich. Eine solche religiöse Gewordenheit, in der dieses Individuum untergeht, existiert weder als Hirte, Bauer noch als Gelehrter.

Die religiöse Existenz als Individuum — und zwar nicht als das leere Begriffsideelle, das Hegel so nennt, sondern als eine ideelle aber selbständige Realität — ist keine indifferente Gewordenheit, sondern ein Werden, wie die Individualität überhaupt — und als solches der Dialektik des Werdens verfallen — eine dialektische Existenz. Eine ihr vielleicht entsprechende Begriffsschöpfung — einseitig als Verallgemeinerung — wäre das „unglückliche Bewußtsein“ in der Phänomenologie — eine dialektische „Existenz“, in welcher „das Gegenteil nicht in seinem Gegenteile zur Ruhe kommt, sondern in ihm nur als Gegenteil sich neu erzeugt“[4]). Entgegengesetzt ist die Existenzform des „Unwandelbaren“. An ihr erstarrt die dialektische Existenz. Ihre Bewegung bricht ab im Wendepunkt einer „Versöhnung“. Sie opfert sich. Daß auch dieses „sich opfern“ eine dialektische Bewegung in sich selbst bleibt, daß in ihr das „unglückliche Bewußtsein“ sich selbst doch nicht aufheben kann und tatsächlich immer im Entschluß des Opfers existiert, ohne ihn absolut zu erfüllen — das kommt für Hegel nicht in Betracht: denn er sieht nur die Begriffswirklichkeit dieses Opfers — und diese selbst nur als Moment. Wo sie eintritt, zeigt sich ihm eine neue Gestalt, die die Existenz der im Begreifen vorausgehenden — also die des „unglücklichen Bewußtseins“ selbst verdrängt. Er spricht wohl von der „inneren Eigenheit“, die bleibt „in dem Bewußtsein des Entschlusses“[5]), aber er dringt nicht in die Folgerung ein, daß damit die widersprechende Bewegung selbst in den Entschluß hineingetragen ist, eine gegen den Träger eines solchen Entschlusses gekehrte Schärfe. In der Entscheidung selbst hat die Existenz ihren Gegenstand gefunden — nicht eine Form, in der sie sich beruhigt. Der Träger des „un-

[1]) Vernunft in der Geschichte, S. 88.

[2]) Vgl. die Schilderung des „einfach frommen Menschen“. Begriff der Religion, S. 17.

[3]) Vernunft in der Geschichte, S. 88. Bolland: Religionsphilosophie S. 629, eine Gegenüberstellung: „in der Liebe, in der Freundschaft ist es die Person, die sich erhält und durch ihre Liebe ihre Subjektivität hat, die ihre Persönlichkeit ist.“ Dagegen: „wenn man hier in der Religion die Persönlichkeit abstrakt festhält. . .oder wenn die Persönlichkeit als unaufgelöst ist, so hat man das Böse“ (vgl. auch S. 669).

[4]) S. 140. [5]) S. 150.

glücklichen Bewußtseins", der sich zum Opfer entschließt, erfährt keine Versöhnung und nicht die Selbstgewißheit, die HEGEL tröstlich in ihn hineinträgt. Aber HEGELS „unglückliches Bewußtsein" hat ja keinen Träger, es ist eine Scheinexistenz, eine Gestalt, die vom Begriffe gedacht und eingeschlossen ist und nur Geltung hat, solange sie diesen Begriff darstellt und sich selbst in ihm. Sie ist eine symbolische Existenz — oder — wie HEGEL selbst das will und ausdrücken würde: Sie ist „ideell . . . im Begriffe"[1]).

Wenn sie nun aber eine wirkliche Existenz wäre und das Göttliche — dem Vernunftkreise entnommen — auch eine ungeschützte dunkle Wirklichkeit: beide, ohne Geltung sich selbst überlassen, beide, das leere Mögliche — und wenn sich nun die eine Existenz an die andere halten würde — auch dann löst kein Denken die Eingeschlossenheit der zwei Wirklichkeiten in sich selbst. Es steigert sie nur bis zur letzten Schärfe. Es wird nur Ausdruck des „Ich selbst allein" der religiösen Existenz und dringt weiter in die Dissonanz der ganzen Welt des Wirklichen, der nun diese abstrakte Zweiheit der Individualität und Gottes, die gedachte religiöse Existenz verfallen ist[2]). Denken trägt die eine Wirklichkeit niemals in die andere hinein. Es reißt sie auseinander. Es drängt die Individualität in sich selbst hinein. Sie ist dann nicht geborgen in einem anderen, nicht getragen — ein Geschöpf, in dem, der es schafft, — in ihrem ideellen Ursprung: im Denken ist sie sich selbst überlassen und immer an die Grenze ihrer selbst geführt. Und dann? Und die Verantwortung?

HEGEL gibt sie wie im Spiel, im Gedankenspiel eines Betrachtenden, der Individualität die selbst nichts ist, im Chaos eines Denkens ohne Wissen[3]). Und er zieht sie auch gerade so spielend wieder in die Geborgenheit eines inneren Mittelpunktes. Er zwingt das Nicht-Wissen des Denkens in das absolut Leere: „Gott selbst ist tot" . . . „Der reine Begriff aber, oder die Unendlichkeit als der Abgrund des Nichts, worin alles Sein versinkt, muß den unendlichen Schmerz, der vorher nur in der Bildung geschichtlich und als das Gefühl war, worauf die Religion der neuen Zeit beruht — das Gefühl: Gott selbst ist tot (dasjenige, was gleichsam nur empirisch ausgesprochen war,

[1]) Logik I, S. 145. Vgl. auch, was HEGEL über das Verhältnis des „reinen Begriffs" zu den Gestalten sagt — als Schlußbetrachtung der Phänomenologie. Vgl. auch die Wiederkehr des „unglücklichen Selbstbewußtseins" (Phänomenologie, S. 482ff.).

[2]) Vgl. dazu als Veranschaulichung MAX WEBER, Gesammelte Aufsätze I, S. 536ff.: Die „Zwischenbetrachtung".

[3]) „Es ist das Bewußtsein des Verlustes aller Wesenheit in dieser Gewißheit seiner und des Verlustes eben dieses Wissens von sich — der Substanz wie des Selbsts, es ist der Schmerz, der sich als das harte Wort ausspricht, daß Gott gestorben ist" (Phänomenologie, S. 483).

mit Pascals Ausdrücken: La nature est telle qu'elle marque partout un Dieu perdu et dans l'homme et hors de l'homme), rein als Moment, aber nicht mehr denn als Moment, der höchsten Idee bezeichnen . . . ."[1]) Gott selbst ist tot — ein „Gefühl" — die ganze Unbestimmtheit des Möglichen. Dann — „gleichsam nur empirisch ausgesprochen", nur empirisch — die Realität, in der das Individuum hervortreten und sich im inneren Mittelpunkt der Verantwortung für den „verlorenen Gott" ergreifen muß: die Realität PASCALS. Und nun — „rein als Moment, aber nicht mehr denn als Moment": Ein Spiel der „Idee", ein Spiel, in dem der Anfang schon Resultat ist, — der „spekulative Karfreitag", schon Auferstehung — „aus welcher Härte allein . . . die höchste Totalität in ihrem ganzen Ernst und aus ihrem tiefsten Grunde, zugleich allumfassend, und in die heiterste Freiheit ihrer Gestalt auferstehen kann und muß"[1]). Das Spiel HEGELS. Es stellt sich eine ungeheure Aufgabe, die sich dann schwebend selbst Resultat wird und sich begrifflich erfüllt[2]).

HEGELS Kreis bleibt ein Begriffskreis. Er verfällt der Inkonsequenz im Werktagsbewußtsein eines „einfach frommen Menschen"[3]) und der Leere im Werktagsbewußtsein eines Gelehrten[4]) und überall dem Gegensatz des spekulativen und des besonderen Bewußtseins[5]). Die Pole dieses Gegensatzes trägt HEGEL in eine Sphäre der Indifferenz. Sie werden „im Element der Allgemeinheit flüssig" gemacht[6]).

Das „Element der Allgemeinheit" — dieses absolute Nichts selbst trägt in die anderen Sphären die Spannung, die HEGEL betrachtet, an der sein Denken immer im Kreise bewegt wird, die ihm aber nie Wirklichkeit ist; denn er ist ihr entrissen, selbst das Ideelle, das sich durch alle Sphären des Realen nur zum Schein bewegt und jeder

[1]) Werke I, S. 157.

[2]) Vgl. auch Phänomenologie, S. 484: Religionsphilosophie (BOLLAND), dieselbe Betrachtung „Gott ist tot" wiederholt, dogmatischer die Deutung, nicht mehr die verwegene Forderung. Erstarrt. (S. 656f.)

[3]) Begriff der Religion, S. 17ff., besonders S. 19.

[4]) Begriff der Religion, S. 21f.: „Es ist ein Universum der Erkenntnis, das für sich Gottes nicht bedarf und außerhalb der Religion liegt." Über die eigenartige Einteilung des Bewußtseins in eine Sonntags- und Wochentagsregion vgl. HEGEL selbst: „Die Religion und das übrige Bewußtsein machen zweierlei Beschäftigungen aus, zweierlei Regionen des Bewußtseins, von deren einer zu der anderen nur abwechslungsweise herüber- und hinübergegangen wird. So hat der Mensch in seinem weltlichen wirklichen Tun eine Anzahl Werktage . . . und dann einen Sonntag . . ." (Begriff der Religion, S. 11).

[5]) Begriff der Religion, S. 34f. Es handelt sich um die wesentliche Dissonanz in HEGELS Philosophie, die von Ich und Begriff. Ihr Aufstieg — die Phänomenologie, Gipfel — die Logik, dann eine endlose Variation. Vgl. auch Begriff der Religion, S. 34f.; Religionsphilosophie (BOLLAND), S. 536.

[6]) Begriff der Religion, S. 35.

Realität entschwebt: „Ich bin als der Begriff“[1]). Das „Element der Allgemeinheit“? Hegel kann es selbst nur umschreiben. Es ist die Region der „absoluten Wahrheit“[2]). Wie man hineinkommt? „Um dieser allgemeinen Bestimmung willen muß es bereits geschehen sein, daß sich das Bewußtsein in dieser Sphäre über das Endliche überhaupt erhoben habe, über die endliche Existenz . . . ebenso über endliche Gedanken ... um in der Religion zu sein, muß man diese abgetan, vergessen haben[3]).“

Man muß sich selbst, die endliche Existenz, vergessen haben! Es ist das ganz Selbstverständliche in Hegels Philosophie, und Hegels Gedanke entgleitet ins Unverstehbare, wenn man sich nicht vergißt. Nur wer es kann, dringt ein, und wer es nur sprungweise fertigbringt, der fällt immer wieder auf sich selbst zurück. Oder er hält sich noch an den Standpunkt des Absoluten Hegels und sieht plötzlich in sich selbst hinein — ein Chaos: im Vergessen hat er seiner Existenz, seinem besonderen Selbstbewußtsein, den Zusammenhang genommen. Der Gegenstand des Vergessens ist aufgelöst, nicht vernichtet. Er existiert noch und taucht immer wieder auf, der „unbegreifliche Anfangspunkt“, die widerspenstige Natur[4]). Hegel geht in Gedanken darüber hinweg wie im Traum: er stürzt nicht. Es ist eigentümlich, wie Hegel ununterbrochen das Vergessen bewahrt hat — „die Nacht seines Selbstbewußtseins“. Er ist immer in der Sphäre des Vergessens und erzählt nun, was vorherging, als eine Geschichte, aber in einen ganz entgegengesetzten Zusammenhang geschlossen, nicht mehr in dem des besonderen Selbstbewußtseins, sondern in dem des „Allgemeinen“: „Darstellung Gottes“.

Er konnte das nur, indem er das Resultat ganz festhielt — steinern — und sich von dort her immer die Geschichte erzählte, die Geschichte von der untergehenden Natur und dem hervortretenden Geist, der aber schon vorher war[5]). Darstellung Gottes? „Ich vergesse mich, gebe meine Subjektivität gegen die Sache auf, um in der Sache mich selbst zu haben, versenke mich darein, indem ich Gott zu erkennen, zu begreifen suche. Dann aber hat die empirische Beobachtung aufgehört, und ich werde in die Sache hineingerissen, statt daß

[1]) Ebenda, S. 292. [2]) Ebenda, S. 58. [3]) Ebenda, S. 58.

[4]) Sie tönt immer mit, dunkler und unbestimmter als das „schlechthin Spröde“, das Ich, Element der Individualität, vom Begriff sich selbst überlassen und möglichst vernichtet oder verwischt in neutralisierenden Übergängen. Vgl. eine solche Darstellung (Werke, VII, 1, 694ff. [§ 376]: „Dies ist der Übergang des Natürlichen in den Geist ...“).

[5]) Begriff der Religion, S. 174: „Das schlechthin Erste.“ Werke, VII, 1, S. 694ff.: „Dies ist der Übergang des Natürlichen in den Geist...“ Phänomenologie, S. 520; S. 499: „Dieser Tod ist daher sein Erstehen als Geist.“ Noch dunkel als „Rekonstruktion“ gefordert (Werke I, S. 148).

sie mir als Objekt gegenüberbleibt. Wenn Gott für mich nicht mehr ein Jenseits ist —"[1]). HEGELS Sprung in das Entgegengesetzte! Das Ich bleibt plötzlich stehen — vergißt sich — findet sich wieder als „Gott"[2]). Immer wieder ist dieser Stillstand und sein Resultat in HEGELS Philosophie zu finden. HEGEL muß sich selbst vergessen, um sich als Gott ergreifen zu können und dann muß er sich so still halten im Kreislauf des sich als „Gott" festhaltenden Selbstbewußtseins: „Auf diese Weise bin ich mir als Dieser negiert . . . Dazu gehört, daß ich als Allgemeiner werde . . .[3])."

Das Sichvergessen als die Realität des religiösen Bewußtseins erinnert an Mystiker, die das „Nichts" in sich selbst forderten, um so Gott zu erreichen. Und auch in den Mystikern kommt dann immer der eigentümliche Stillstand. Und dann fallen sie wieder auf sich selbst zurück. Sie suchen das Resultat jener Anstrengung des Sichvergessens festzuhalten und erzählen es sich; aber immer zerbricht die Geschichte an der gegenwärtigen Auseinandersetzung im Spannkreis der natürlichen Existenz (des „iht", des „lichamen"), in der Wirklichkeit. Sie ist resultatlos, auch ein Progreß ins Unendliche, immer mit dem Endlichen behaftet. Und die Anstrengung des Vergessens führt in das Entgegengesetzte, das man, sich nie vergißt aber zugleich auch nie die Gegenwart eines Jenseits von sich selbst, in sich selbst. HEGEL erreicht das Jenseits, das Resultat endgültig. So fällt die Auseinandersetzung mit der Schranke des Selbstbewußtseins weg; denn sie ist vergessen. Und es entsteht ein Bewußtseinszustand der Indifferenz sich selbst als Ich gegenüber — und als Folgerung, der Indifferenz gegenüber der Individualität als solchen — die „Nacht seines Selbstbewußtseins"[4]).

In der Phänomenologie zeigt sich der Weg dieses Vergessens — in der Logik, der Stillstand — in Natur-, Geschichts- und Religions-

[1]) Begriff der Religion, S. 121, 277.

[2]) Die Logik veranschaulicht am klarsten die Form des Selbstbewußtseins, die sich im Stillstand des Sichvergessens ergreifen läßt: die leere Form — „Gott" — „wie er in seinem ewigen Wesen vor der Erschaffung der Natur und eines endlichen Geistes ist" (Logik, I, S. 31). Vgl. dazu als Voraussetzung, was mit dem Individuum „in der Metaphysik des Seins" geschieht (Logik, I, S. 100f.), vgl. wie sich das „Werden" darstellt (ebenda I, S. 66ff.), die Sphäre des Werdens, die Wirklichkeit als Zufälligkeit und Notwendigkeit (II, S. 169ff.).

[3]) Begriff der Religion, S. 141f. Vgl. wie HEGEL die Identität des Wissens von Gott und des Selbstbewußtseins behauptet: „die Einheit und Unzertrennbarkeit beider Bestimmungen . . ." (Begriff der Religion, S. 52; ebenda, S. 292: „Ich bin als der Begriff.") Vgl. die Gegenüberstellung dieser Identität als religiöse — als philosophische (Phänomenologie, S. 510f.). Diese Identität — als Voraussetzung der „reinen Wissenschaft" (Logik, I, S. 30), ebenda I, S. 42. Vgl. dazu SCHELLING, Werke, I, S. 334f. — Eine Kritik.

[4]) Phänomenologie, S. 521.

philosophie, in der Ästhetik, die Wirklichkeit, in der Perspektive des Vergessenen betrachtet, eine Schattenwelt — eine „Gallerie von Bildern"[1]). Es ist die Sphäre der Spekulation: „denn die Spekulation fordert in ihrer höchsten Synthese des Bewußten und Bewußtlosen auch die Vernichtung des Bewußtseins selbst, und die Vernunft versenkt damit ihr Reflektieren der absoluten Identität und ihr Wissen um sich selbst in ihren eigenen Abgrund[2])." Weg der Selbstvernichtung ist die Reflexion[3]). Sie führt das Selbst in den „Verlust ... seines Wissens von sich": der Mittelpunkt ist leer — und HEGEL ergreift den leeren Mittelpunkt in diesem Augenblick als „reinen Begriff" und alle Momente des Nichtwissens der Reflexion, die ihn wie ein Kreis umschließen, als die Momente des Begriffs[4]). So wird das Nichtwissen selbst ideell oder begrifflich festgehalten. Seine Erreichbarkeit in der Reflexion ist geradezu Vorbedingung des Begriffes. Nur das absolute Nichtwissen schafft die Sphäre des Schrankenlosen, in dem HEGELS Gedanke sich bewegt und HEGELS Begriff hervortreten kann. Dieses Nichtwissen selbst ist das Element der Allgemeinheit.

Aber führt die Reflexion so weit? Kommt man durch sie wirklich von sich selbst hinweg[5])? Das „Ich" — „diese Spitze der Eitelkeit erhält sich noch: aller Inhalt ist darin verflüchtigt und nur eitel gemacht. Es ist aber nur diese Eitelkeit, die nicht verschwindet[6])." So HEGEL: er hat manchmal einen Zorn gegen diesen letzten Widerstand der wahren Unendlichkeit, gegen die „unvollendete Negation"[7]). Sie muß in den Tod[8]). Der „Begriff" — das „reine" Denken — oder, wie HEGEL sagt — das „reine Wissen" könnte sie töten: Denken als Selbstbewußtsein, das Ich, die Schranke — als „Substanz". — Die Phänomenologie umschreibt den Prozeß dieser Selbstentäußerung: „Zuerst gehören dem Selbstbewußtsein daher von der Substanz nur die abstrakten Momente an; aber indem diese als die reinen Bewegungen sich selbst weitertreiben, bereichert es sich, bis es die ganze Substanz dem Bewußtsein entrissen, den ganzen

[1]) Phänomenologie, S. 520. Vgl. die Bedeutung des „Vergessens in der Phänomenologie im einzelnen, z. B. S. 157: „Das Bewußtsein, welches diese Wahrheit ist, hat diesen Weg im Rücken und vergessen ..." Vgl. auch ebenda, S. 521. Oft wird das Vergessen als „Abstreifen" bezeichnet.

[2]) Werke, I, S. 188. [3]) Phänomenologie, S. 483, auch Werke I, S. 178f.

[4]) Phänomenologie, S. 484ff.: „die Peripherie der Gestalten[4]...", vgl. auch Werke I, S. 188 — das Ende der oben angeführten Stelle: „und in dieser Nacht der bloßen Reflexion und des raisonierenden Verstandes —, die der Mittag des Lebens ist (!) — können sich beide begegnen."

[5]) Als logische Notwendigkeit von HEGEL behauptet (Logik, I, S. 100f.).

[6]) Begriff der Religion, S. 136ff. [7]) Begriff der Religion, S. 139.

[8]) Phänomenologie, S. 499. Immer gefordert. Vgl. auch Begriff der Religion, S. 139: „Alles soll negativ sein ..."

Bau ihrer Wesenheiten in sich gesogen, . . . sie aus sich erzeugt und damit für das Bewußtsein zugleich wiederhergestellt hat[1])." Wiederhergestellt — aber „für das Bewußtsein", in einem ununterbrochenen Denkstrom schrankenlos geworden, ohne „Ist"[2]) — „der bacchantische Taumel"[3]), ein Gedankenspiel mit Nichtsein und Sein[4]). Der Tod ist nicht Tod, kein Nichts, sondern das Vorübergehende als solches — Moment, und das Leben ist auch kein Sein, sondern das Vorübergehende — der Tod. Alles geht im Gedanken vorüber. Nur der Gedanke selbst, der Begriff ist unverrückbar — die „wahrhafte Unendlichkeit"[5]), in der man sich als natürliche Existenz, in der man seinen eigenen Tod und die eigentümliche Eingeschlossenheit des Ich in diesen einmaligen Existenzkreis vergißt. Man steht schon jenseits[6]).

Mißtrauen fragt, ob man so über sich hinausgehen konnte, wie man in einer solchen auseinandergetragenen Zweiheit existiert: — im Begriff und in der Natur; — in einer „sich aus sich selbst bestimmenden Allgemeinheit" und in einer in sich selbst zerfallenden Welt des „Zufälligen"; — Gegensätze, die sich abstoßen. „Ich bin der Kampf"[7]), sagt HEGEL und bekennt sich zu einer solchen Zweiheit. Aber dieses „ich bin" wird nur vom Denken getragen. Es ist dem Denken verfallen, in Denken aufgelöst. „Ich bin der Begriff"[8]), sagt HEGEL auch — d. i. ein Kreis von Behauptungen, Gedanken, in denen alles andere Sein zerfällt. Der Gedanke trägt sich selbst, zuletzt als ein Kreis von leeren Worten, die man lesen muß, um auch zu fassen, wie die Sprache erstarrt, wenn in ihr das reine Denken an sich selbst festhält und nur sich selbst erzählt.

In HEGELS Metaphysik des Seins ist die Sphäre des natürlichen Todes und damit der einmalige Daseinskreis der Individualität abgetan; denn im Begriff ist ja das Vorübergehende nur Moment.

[1]) Ebenda, S. 515. [2]) Ebenda, S. 501: „Das geistlose Ist."

[3]) Ebenda, S. 31. [4]) Logik, I, S. 67ff.: Über „Werden". Man suche einen Träger.

[5]) Vgl. das Verhältnis dieses Begriffs zum Vorübergehenden, zur „Zeit" (Phänomenologie, S. 515). Vgl. auch Religionsphilosophie (BOLLAND), S. 629: „Der Geist ist ewig, also deshalb schon gegenwärtig . . . Dies ist die Ewigkeit . . ., die nicht bloß Dauer ist wie die Berge dauern, sondern Wissen."

[6]) Ein Opfer? „Seine Grenze wissen heißt sich aufzuopfern wissen?" (Phänomenologie, S. 520.) Man opfert sich nicht durch Denken, man opfert höchstens alles dem Denken — sich als „Dieser" dem Sichselbstdenken. Und nicht nur sich als dieser — (vgl. Religionsphilosophie (BOLLAND), S. 669). Man überläßt sich und jeden dem ideellen Tod (vgl. dazu Begriff der Religion, S. 131, die Auffassung des natürlichen Todes: „Im Tode wird realiter, aktualiter gesetzt, was das natürliche Leben an sich ist . . .", vgl. auch ebenda S. 274: „Der natürliche Mensch vergeht . . ."). Im ideellen Tod ist der natürliche vorweggenommen (Begriff der Religion, S. 143: „Ich habe Verzicht getan auf mich als diesen . . .").

[7]) Begriff der Religion, S. 241ff. Vgl. auch Phänomenologie, S. 513.

[8]) Begriff der Religion, S. 292.

Für die reale Individualität ist das Vorübergehende das Ganze Mögliche. Für Hegel auf dem Standpunkt der Idee ist es die sich selbst überlassene Sphäre des Zufalls, der „empirischen Notwendigkeit", der wertlosen Besonderheit[1]) — Gegenstand der Betrachtung vom Standpunkt einer höchsten — der ideellen Notwendigkeit[2]).

---

[1]) Vgl. Religionsphilosophie (Bolland), S. 669.

[2]) Zur doppelten „Notwendigkeit" vgl. Werke, I, S. 146: die „Subjektivität" — eine „Zufälligkeit und Willkür". Die „Erhebung" von der „empirischen Notwendigkeit" in die „Ansicht einer ewigen Notwendigkeit" wird kritisch vermißt und gefordert. Der Sprung aus dem empirischen „es ist so" in das ideelle entspricht dem aus einem empirischen Ich in das ewige — in Gott. Vgl. als Gegenüberstellung Werke, VII, 1, 30f., 36ff. (Zusatz der zweiten Ausgabe), vgl. das „es ist so" der religiösen Existenz mit dem „es ist so" der unreligiösen. Der religiösen Existenz (Begriff der Religion, S. 13): „Er ist das, zu was die Umstände und die Natur ihn gemacht haben, und nimmt seine Verhältnisse, sein Leben und seine Rechte, wie er sie empfangen hat: es ist so. Mit Beziehung auf Gott nimmt er, wie gesagt, diese Sphäre als ein Geschenk, besondere Begebenheiten als ein Geschick." Zur unreligiösen Existenz vgl. S. 40f. der Arbeit. Vgl. auch die Definition des „es ist so" (Jenenser Logik, S. 58): „Das reine Sein des: ‚es ist so', ist ... der Raum der absoluten Zufälligkeit." Vgl. alle Zusammenstöße des Denkens mit dem realen „es ist so" (Enzykl. §§ 248, 250); ein Seufzer (Werke, VII, 1, 696): „daß das Materielle so widerspenstig gegen die Einheit des Begriffes ist." Vgl. auch die Schwierigkeiten des religiösen Denkens (Begriff der Religion, S. 19): „es ist damit in der Tat ein zufälliger Inhalt, der auf Gott bezogen wird ..." Vgl. den eigentümlichen Schluß ... „und jene Inkonsequenz zerstört diese allgemeine Bestimmung: ja, man kann sie (dadurch) sogar lächerlich machen." Wie soll sich aber eine Begriffsrealität gegen solche Inkonsequenz schützen? Vgl. zu § 250 der Enzykl., Begriff der Religion, S. 273ff.: „Es liegt überhaupt die Anschauung zugrunde, daß Gott die Macht über die Natur ist ..." Vgl. auch das Zufällige der religiösen Existenz: — „als seinem Volksgeist angehörend ... im Glauben seiner Väter geboren ohne seine Schuld und ohne sein Verdienst ..." (Begriff der Religion, S. 261).

## II. Die „nur auf sich selbst verwiesene" Individualität in der Shakespearewelt.

In der Sphäre des Zufalls taucht die Shakespearewelt auf und in dieser die „nur auf sich selbst verwiesene Individualität", ein Geschöpf des Zufalls, unbestimmt im Woher und Wohin, die Schattenwirklichkeit des Außergöttlichen. Sie ist dem allgemeinen Schicksal verfallen —, als Natur, die ist, wie sie ist, — als Geist, der sich reulos und klaglos versinken sieht[1]).

Aber ist es dort so? Ist der „Körper der Zeit", der dort gedeutet sein soll, nichts weiter als das Zufällige und Notwendige eines Untergangs, dem die einzelnen, so wie sie sind, verfallen? Was wird dort mit der Individualität? Was ist sie in einem solchen „Ich selbst allein" in der Sphäre des Vorübergehenden?

Was in der Renaissance „Dasein" bedeutete, zeigt sich am hellsten auf dem Hintergrund der ihm entgegengesetzten Vorstellung des Todes. Es scheint fast, als hätte sich das Selbst- und Weltgefühl und in ihm das Selbst- und Weltbewußtsein jener Übergangszeit in der Polarität von Nichtssein und Sein, die überall erfahren wurde, herausgebildet[2]).

Im Mittelalter war das Spannungsverhältnis von Leben und Tod in zwei Welten abgeleitet: man lebte auf der Grenze von Diesseits und Jenseits und dachte so viel an diese Welten, denen man angehörte, daß man ganz vergaß, die Grenze selbst richtig ins Auge zu fassen und das eigene Dasein in seiner Gebundenheit an diese.

---

[1]) Werke, X, 2, 195ff. (Ästhetik).

[2]) Vgl. in BRUNOS Werken die immer gegenwärtige Auseinandersetzung seiner Substanzphilosophie mit dem Weg durch die „Verneinung", dem Weg durch die Bewegung und Veränderung, z. B. in den Eroici furori, — sein Triumph, daß durch seinen Substanzbegriff der Schrecken vor dem Tod überwunden sei. Vgl. „Von der Ursache, dem Prinzip und dem Einen" (LASSON), S. 40. Auch das Gedicht „An die Zeit." — Vgl. SHAKESPEARES Weg zum Substanzerlebnis in der Individualität des Freundes in den Sonnets. Die Todesvorstellung ist Ausgangspunkt und dauernder Hintergrund. Der Todesgedanke veranlaßt nicht mehr die ekstatische Betrachtung des Mystikers. Er wird Gegenstand einer unendlichen Reflexion. In den Dramen zeigt er sich oft als Gipfelung, nicht der Handlung, sondern der inneren Existenz, sozusagen der philosophierenden Existenzen, Hamlet, Macbeth, Richard II., in „Maß für Maß". Überall ist das Thema vom Tod auch sonst eingestreut.

Man sah über die Grenze, den Tod, hinweg, sich selbst und die ganze Wirklichkeit in einer Jenseitsgestalt, und dann war der Tod nicht Vernichter, sondern Erfüller. In der Renaissance drängt sich die Wirklichkeit des Todes in anderer Weise vor. Zwischen dem Sonnetdichter Shakespeare und dem Sonnetfreund existiert sie, und zwar in der Vorstellung eines Todes, der nicht eine Welt mit der anderen vertauscht, sondern, der die einzelne Existenz einfach auflöst. Es ist nicht die Rede von zwei Weltganzheiten, die sich in sie teilen, nur von der einen, der Natur, die den einzelnen hervorbringt und zurücknimmt, und das geschieht nicht im „Raum" eines Diesseits und Jenseits, sondern in irgend einem Augenblick. Der Tod ist der Augenblick, der alle erreicht, die Zeit, Träger des Todes, die Natur, der große Weltorganismus, der uns geboren werden und sterben läßt. In der Renaissance erfaßt sich die Einzelexistenz in der Mitte solcher Mächte, die sie abgrenzen, denen ihre Vernichtung anheimgegeben ist. Und diese Vernichtung wird nun ganz real gesehen[1]).

Einsicht in die eine Realität steigert die Einsicht in die ihr entgegengesetzte: die des „Nichts", das nicht mehr das grenzenlose Dasein der Mystiker bedeutet, sondern den Untergang des einzelnen in der Natur und ihrer Bewegung, der Zeit — eben diese Vorstellung des Nichts steigert die Bewußtheit des „Selbst", desjenigen, das vernichtet werden soll. Es existiert in der Natur wie in einen Ring eingeschlossen und strebt diesen Ring zu erweitern. Die Gegenwart des Todes wird nicht aufgehoben aber verdrängt vom Selbsterlebnis in der Wirklichkeit, das sich aus den Selbstahnungen der metaphysisch-mystischen Vor-Renaissance auslöst. Es dringt vor im kämpfenden Pathos und in der geistigen Gestalt eines heroischen Realismus, dem schon Michelangelo Ausdruck gibt und der in Brunos „Eroici furori" noch Grundlage seines spekulativen Enthusiasmus bleibt.

Indem das Individuum Selbsterweiterung zum ganzen absoluten Dasein erstrebt, schafft es eine universalistische Existenzsphäre, in

---

[1]) Vgl. der Narr in: „Wie es euch gefällt", II, 7: „Da sehn wir nun, sagt er, wie die Welt läuft:

's ist nur 'ne Stunde her, da war es neun,
Und nach 'ner Stunde noch wird's elfe sein;
Und so von Stund zu Stunde reifen wir,
Und so von Stund zu Stunde faulen wir,
Und daran hängt ein Märlein."

Hamlet, die Kirchhofsszene und alle anderen Todesbetrachtungen. Lear, V, 2 (Edgar): „Dulden muß der Mensch sein Scheiden aus der Welt, wie seine Ankunft: Reif sein ist alles." In „Maß für Maß", III, 1: die Rede des Herzogs, die lehren will, das Sterben zu lernen, und Claudios Rede in der Todesangst. Jeder hat eine ihm eigene Realität des Todes: Falstaff, Richard III., Coriolan usw.

der der einzelne sich in Zusammenhängen mit dem Weltganzen behaupten, ja selbst zum Weltganzen werden will. Das Selbstbewußtsein erscheint in der Sphäre des Naturbewußtseins wie in der früheren Mystik in der des Gottesbewußtseins. Es wird nicht so sehr hinein- als herausgedeutet[1]). Zwischen Ich und Natur wird eine Übereinstimmung angenommen, die über phantastische Analogien hinwegführt zur universalistischen Selbsterfahrung, in der sich der Persönlichkeitsbegriff der Renaissance zuerst verwirklicht.

So nimmt die Einzelexistenz Weltgestalt an, wenn der Sonnetdichter Shakespeare das Universum in der Persönlichkeit des Freundes erlebt und schaut und dieser allein substantielle Geltung zuerkennt[2]). Antonius glänzt im Weltmaß, das ihm von Cleopatra in liebender Rhetorik umgehangen wird[3]). Auf anderem Boden verdrängt solchen Glanz eine Realität, in der die Einzelexistenz nicht nur im Weltmaß scheint und begeistert zu scheinen glaubt, sondern wirklich existiert und wirkt (Caesar) — einen Haßaffekt austobt (Timon) — sich in weiten Spannungen entfaltet (Macbeth) — sich momentan als gebieterisches Zentrum fühlt (Lear). In diesen Gestalten bricht der Heroismus der Renaissance zugleich ab. Das Streben des einzelnen ins Weltganze, das auf diesen einzelnen zurückfällt (Lear), oder ihn in Abgründe zum Gleiten bringt (Macbeth), oder ihn vom Gipfel stürzen läßt (Caesar), kehrt sich um in Suchen und Zweifel. Die Realisierung eines universalistischen „Ich bin der ich bin“, „ich bin ich selbst allein“[4]), die Selbstbehauptung, kehrt um in ein „Sich-selbst-suchen“, „Sich-versuchen“, „Sich-fordern“ in komplizierten Verhältnissen, die die Einzelexistenz von Anfang an erschüttern. (Hamlet). Dem enthusiastischen Heroismus begegnet eine skeptische, schwankende Lebensstellung, in der man nicht stürzt und triumphiert, sondern zweifelt und verzweifelt.

---

[1]) Vgl. Paracelsus: Volumen Paramirum (ed. Strunz, Jena 1904, S. 43ff.): „Also sollt ihr uns verstehn, wie wir Microcosmum außlegen . . .“

[2]) Vgl. auch, wie Bruno diese Wendung zur Selbstanschauung fordert: C. „Wie meinst du, soll die Seele nach oben streben? Beispielshalber, indem sie die Sterne anschaut oder den über dem kristallenen befindlichen empyreischen Himmel?“ — M. „Gewiß nicht, sondern indem sie in ihre eigene Tiefe steigt — —“ (Eroici furori, deutsch Kuhlenbeck, S. 149).

[3]) Antonius und Cleopatra, V, 2.

[4]) Richard III. (Gloucester) in „Heinrich VI.“ (3. Teil, V, 6). Sonnet 84 (deutsch Stefan George): „Wer spricht am meisten und was spricht so gut als dieses reiche Lob: Ihr seid nur ihr?“ Ähnliche Aussagen, die zugleich, auch ohne wörtlich so zu lauten, hervortreten, finden sich in Caesar, Brutus, Timon, Macbeth, in den Worten des Lear im Anfang der Handlung. Vgl. auch Bruno: De la causa . . . (deutsch Lasson, S. 59): „Während mein Wesen und meine Substanz nicht das bedeutet, was sie hervorbringt, sondern vielmehr, was ich bin als ich selber und absolut betrachtet.“

Solche Abwandlungen der Existenzweisen, in denen sich der Persönlichkeitsbegriff der Renaissance bildet, sind in SHAKESPEARES Tragödien Gestalt geworden. Die Arbeit versucht, einiges davon hervortreten zu lassen, und zwar so, daß sie Gestalten eines universalistischen Selbstbewußtseins denjenigen eines skeptischen gegenüberstellt, auch solche des Übergangs aus dem einen ins andere.

Caesar und Brutus stehen in einem Weltganzen, mit dem Caesar durch irrationale Zusammenhänge verbunden erscheint, während Brutus ihm abgesondert mit überlegendem Selbstbewußtsein gegenübersteht, aber aus dieser Absonderung heraus bestrebt ist, den Weltlauf seiner idealen Forderung zu unterwerfen. Sie sind beide universalistisch. Die Existenz des einen ruht in einem Universalismus, der ihm die Überzeugung der eigenen Unerschütterlichkeit gibt: „Fort sag ich! Willst Du den Olymp erschüttern[1]?“ Sie erklärt sich nicht, sondern drückt sich einfach als solche aus, im Augenblick, in dem Caesar von der Oberfläche der Handlung verschwindet, um in der Tiefe der Ereignisse weiter wirksam zu sein, als „Caesars Geist“[2], an dem das Streben des Brutus scheitert. Brutus will den Weltlauf unabhängig von Caesar, unabhängig von irrationalen Mächten aber gebunden an eine ideale Weltordnung[3]. Er hält sich für verantwortlich, diese Ordnung zu schaffen. In diesem Glauben an seine unbedingte Verantwortlichkeit für den Weltlauf steckt Anspruch auf eine zentrale Stellung seiner selbst im Ganzen, die Anmaßung eines Idealisten. Seine abstrakte ideale Forderung verwirklicht sich nicht. Sie unterliegt der dämonischen Macht Caesars, der willenlosen Masse, dem politischen Getriebe. Das „allgemeine Wohl“ für das Brutus kämpft, bleibt Illusion. Die Unabhängigkeit der Welt, für die Brutus mordet, wird nur Raum für die Machtpolitik eines anderen. Brutus handelt weiter, der Gerechte, zielvoll, selbstvergessen, bis er das Unmögliche seines Tuns im Weltlauf erkennt und sich ihm entzieht durch den Freitod.

[1] III, 1.

[2] Vgl. die Wiederkehr dieses Ausdrucks und seine Verbindung mit einer Erscheinung Caesars. Cassius sucht Caesars Erscheinung aus diesen irrationalen Zusammenhängen herausgelöst darzustellen (I, 7), läßt sie aber in diesem Bemühen so deutlicher werden. Vgl. die Stelle: „Ja, er beschreitet, Freund, die enge Welt wie ein Colossus.“ „Caesars Geist“ — vor der Tat (II, 1) — Brutus: „wir alle stehen gegen Caesars Geist ... o könnten wir denn Caesars Geist vernichten und Caesarn nicht zerstücken! ...“ Die Erscheinung (IV, 5); nach der Tat (V, 4): „O Julius Caesar! Du bist mächtig noch, dein Geist geht um: er ists, der unsre Schwerter in unser eignes Eingeweide kehrt.“

[3] Brutus zu sich selbst (II, 1): „Ich habe für mein Teil keinen Grund, ihn wegzustoßen als fürs gemeine Wohl ...“, (I, 2) zu Cassius: „Ists etwas dienlich zum gemeinen Wohl, stellt Ehre vor ein Auge, Tod vors andere, und beide seh' ich gleiches Mutes an.“

Im ganzen Spiel werden die irrationalen Zusammenhänge im Weltlauf bejaht. Die Rationalisierung nach einem Vernunftideal wird als unmöglich erwiesen; aber das dem Weltlauf angepaßte Individuum — Caesar — geht darin unter und wird unpersönliches Wesen, Dämon, während Brutus gerade durch seine Absonderung als Charakter erscheint. Skepsis lauert wohl im Hintergrund der Handlung, aber noch extrem im Ja und Nein, in der Bejahung eines irrationalen Geschehens und in der Verneinung des rationalen Strebens, indem sie beide aufeinanderprallen läßt und Bestehen und Zusammenbruch klar vorstellt. Sie umkreist noch Gestalten, die von unerschütterlichem Glauben und von Überzeugungen bestimmt werden — nicht vom Zweifel.

Die Natur umkreist Macbeth als Mitbewußtsein, das seine Träume weiß und als Erregungen gegen ihn ausspielt, seine Taten als das überall gegenwärtige Gewissen auffängt. Sein Selbstbewußtsein ist in diesem Erregungskreis festgehalten[1]). Er wird Spiel und Opfer der magischen Spannungsfläche, die ihn zum äußersten Handeln treibt, um ihn dann aus ihrem Bann herausfallen zu lassen. Dann steht er den Inhalten seines Traumhandelns, das immer das Weltmaß des universalen Mitbewußtseins an sich trug, dem „Alles" als „Nichts" gegenüber. „Das Leben ist nur ein wandelnd Schemen, bloß ein Mime, der stelzt und knirscht sein Stündchen auf der Bühne und wird nicht mehr gehört . . . ist eine Mär, die ein Verrückter bringt,

[1]) Die Natur ist hier nicht nur die Macht, die nimmt und gibt, in der man als Ganzes geboren wird und stirbt, der man sich in einer schöpferischen Eigenbewegung zur Substanz entzieht (vgl. die Sonnets!); sie ist nicht nur Stoff, den man in Geist verwandelt, sondern selbst Verwandlungsenergie, mit dem unbewußten Seelenleben verbunden. Macbeth liefert sich ihr aus, dem Möglichen, das weder gut noch böse ist, aber drängend: „Will das Schicksal mich als König, nun, mag mich das Schicksal krönen" (I, 3). Die Suggestion kommt aus einem dämonischen Grund, in dem sich die Einzelexistenz mit der Natur berührt. Sie wurzelt dort. Sie wird planvoll und verdeutlicht sich dann am Stoff der menschlichen Gesellschaft. Shakespeare gibt dem Ehrgeiz, diesem Grundzug des „Renaissancemenschen", einen Ursprung zugleich in der menschlichen Natur und in der Nachtseite der Natur- und Geisterwelt, des Weltlaufs überhaupt. Das ursprüngliche Mitwirken des Macbeth ist beinahe bewußtlos: „Sieh Auge nicht die Hand, doch laß geschehn, was, wenns geschah, das Auge scheut zu sehen" (I, 4). Die Gegenwart des Universums im Augenblick der Tat, einer Totenstille: — „jetzt auf der halben Erde scheint tot Natur" (II, 1). Dagegen der erregende Raum der ersten Szenen. Nun hat sich die Spannung ganz auf Macbeth übertragen. Die Erde soll nichts hören: „Du festgefügte Erde, leicht verwundbar, hör meine Schritte nicht, wo sie auch wandeln, daß nicht ausschwatzen selber die Steine . . ." Da nimmt die Tat die Stille hinweg. Geräusche (Eule, Heimchen, Klopfen, fieberhafte Erregung der Erde, die sich allen mitteilt (II, 3, 54ff.), das bizarre Hineinspiel der Hexen, die immer größere Hexenaktivität, die immer weitere Differenzierung im Kräftespiel des dunklen Naturlebens). Macbeth spielt immer mit — „mag der Dinge Bau zergehn, die beiden Welten stöhnen, eh wir in Furcht verzehren unser Mahl" (III, 2).

voll Schall und Wut, doch sie bedeutet nichts . . ."[1]) Auch dann kämpft Macbeth noch weiter. Er bleibt auf der Strecke — eine Umkehrung des Universalisten in den verzweifelten Nihilisten. „Ich fang an müd zu sein des Sonnenlichts — verginge doch der Bau der Welt in nichts!"[2]). — Eine Umwandlung des wirklichen Titanen in den Mimen, der mit diesem Titanenspiel nur sein Leben erhält, an das er sich doch so ängstlicher klammert, je elender es wird.

Dem Aufstieg des Macbeth im magischen Weltganzen steht der Lears gegenüber. An Stelle der dunklen Dämonie herrscht offener Aufruhr in der Natur. In den hineingeworfen glaubt Lear sich einen Augenblick im Weltganzen wirksam — „im Kampf mit dem erzürnten Element. Er heißt den Sturm die Erde wehn ins Meer, oder die krause Flut das Land ertränken, daß alles wandle oder untergeh'; rauft aus sein weißes Haar, das wüt'ge Windsbraut mit blindem Grimm erfaßt und macht zu nichts. Er will in seiner kleinen Menschenwelt des Sturms und Regens Wettkampf übertrotzen[3])". Lear fällt aus seinem Glauben heraus auf sein elendes Selbst. Dieser Fall spricht sich unmittelbar aus. Zuerst — der gebieterische Fluch[4]) — „du Donner schmetternd schlag flach das mächt'ge Rund der Welt: zerbrich die Formen der Natur, vernicht auf Eins den Schöpfungskeim des undankbaren Menschen." Dann — die Verzweiflung des Machtlosen[5]): „Hier steh ich, euer Sklav, ein alter Mann, arm, elend, siech, verachtet . . ." Lear wird sich lächerlich. „Als der Regen einst kam, mich zu durchnässen und der Wind mich schauern machte, und der Donner auf mein Geheiß nicht schweigen wollte, da fand ich sie, da spürte ich sie aus. Nichts da, es ist kein Verlaß auf sie; sie sagten mir, ich sei alles; das ist eine Lüge, ich bin nicht fieberfest"[6]). Im Lachen über sich, den illusionären Lear, den Lear, der glaubte, er sei alles und der wie nichts ist, wird Selbsterkenntnis frei — die einer Einzelexistenz dem Weltganzen gegenüber, der aber die Unerschütterlichkeit des Bewußtseins fehlt, ihm nun als Titan gegenüberzustehen — (wie noch die Gestalten MICHELANGELOS). Sie kämpft noch um sich selbst, aber im Fieber. Lears lachende Selbsterkenntnis ist in Wahnsinn eingebettet. Er gehört in die Reihe der Spieler und Opfer eines universalistischen Selbstbewußtseins.

Lear und Macbeth sind Titanen, die sich lächerlich werden. Der Zweifel ist hier das im Hintergrund Lauernde, das dann das Bewußtsein seiner Opfer überfällt. Er verdrängt einen Glauben und bringt an Stelle des geglaubten Ich das reale zur Erfahrung.

[1]) V, 6. [2]) V, 6. [3]) III, 1. [4]) III, 2. [5]) III, 2. [6]) IV, 6

Während in „Macbeth“ die Situation noch über die Einzelexistenz hinaus die Spannung in sich trägt, das magische Mitbewußtsein des Universums auch mithandelt und über den ursprünglichen Macbeth einen Titanen erstehen und vergehen läßt, mehr Gestalt des handelnden Mitbewußtseins, mehr Dämon als menschliches Ich — während dort das Dämonische selbst den Weltlauf im Drama vollständig beherrscht, einen bösen Traum schafft, dem Macbeth nur Augenblicke mit Bewußtsein gegenübersteht, zieht sich in anderen Schauspielen das Bewußtseinspiel ganz auf sich selbst, eine innere, nicht über das Weltganze hinstrebende Individualität zurück. Auch sie schwebt nicht frei in sich selbst. Sie ist in ein Gefüge von Beziehungen an die Wirklichkeit gebunden, und gerade die innere Entwirrung wird Schauspiel, „Gedanken-Trauerspiel“, wie A. W. Schlegel von Hamlet sagt, den „irrationalen Gleichungen“ ähnlich, „in denen immer ein Bruch von unbekannten Größen übrigbleibt, der sich auf keine Weise lösen läßt.“

Shakespeare schafft Gestalten, die ein Spiel an sich haben und jede Anstrengung hin zu den Titanenwegen, die das ins Universalistische strebende Selbstbewußtsein geht, vermeiden. Auch Lear hatte die Sehnsucht nach einer selbstgenügsamen Zurückgezogenheit, in der er „Späher Gottes“ werden könnte: aber danach sehnt sich der gebrochene Lear und der Lear, der ins Gefängnis soll[1]). Richard II. spielt mit sich selbst im Kerker. Das Bewußtseinsspiel gerät da in Abgründe, in solche der Auflösung des Selbstbewußtseins in lauter Spiegelgestalten, denen es sich so widerstandslos überläßt wie der darunter erkannten Leere: „So spiel ich viel Personen ganz allein, zufrieden keine; . . . doch wer ich sei, so mir als jedem sonst, der Mensch nur ist, kann nichts genügen, bis er kommt zur Ruh, indem er Nichts wird . . . Die Zeit verdarb ich, nun verderbt sie mich, denn ihre Uhr hat sie aus mir gemacht; . . .“[2]). Vom Weltlauf beiseitegeschoben verschwebt Richard II. in Träumen.

Ein anderes Bewußtseinsspiel ist das Hamlets. Er versinkt nicht im träumenden Mitbewußtsein der eigenen Einbildungskraft. Hamlet hält es nicht mit Träumen aus: „O Gott, ich könnte in eine Nußschale eingesperrt sein und mich für einen König von unermeßlichem Gebiete halten, wenn nur meine bösen Träume nicht wären“[3]). Die bösen Träume — Rätsel der Wirklichkeit, die Hamlet lösen muß, zu deren Lösung er vom Zweifel gejagt wird.

---

[1]) „Nein, nein, nein, nein! komm fort! zum Kerker fort! Dort laßt uns singen wie Vögel in dem Käfig“ (V, 3).

[2]) V, 4. [3]) II, 2.

Hamlet verspottet die enthusiastische Auffassung des Weltganzen und des Menschen im Gespräch mit Rosenkrantz und Guildenstern: „Seht ihr, dieser herrliche Baldachin, die Luft, dies wackre umwölbende Firmament, dies majestätische Dach, mit goldnem Feuer ausgelegt: kommt es mir doch nicht anders vor als ein fauler verpesteter Haufe von Dünsten. Welch ein Meisterwerk ist der Mensch: wie edel durch die Vernunft! wie unbegrenzt in Fähigkeiten! in Gestalt und Bewegung wie bedeutend und wunderwürdig! im Handeln wie ähnlich einem Gott: Die Zierde der Welt! Das Vorbild der Lebendigen! Und doch, was ist mir, diese Quintessenz von Staub[1])?" In Hamlets Bewußtsein hat die Idee des Kosmos wie die des Idealmenschen ihre einfache Geltung verloren. Sie wirkt nur noch als Gegenstand der Umkehrung.

Erfüllt ist Hamlets Bewußtsein mit der Gegenwart des Bösen, leidend, ohne ihm ausweichen zu können. Das Böse ist ohne transzendente Auflösung gesehen. Es wird auch nicht wie etwas Äußerliches abgestoßen[2]). Die innere Welt wird vielmehr von ihm verzehrt im tragischen Spiel des Selbstbewußtseins, das sich immer tiefer einbohrt auf der Suche nach der ganzen Wahrheit dieses Bösen, bei sich selbst angefangen: „Dennoch könnte ich mich solcher Dinge anklagen, daß es besser wäre, meine Mutter hätte mich nicht geboren; ... mir stehn mehr Vergehungen zu Dienst als ich Gedanken habe sie zu hegen, Einbildungskraft, ihnen Gestalt zu geben, oder Zeit, sie auszuführen. Wozu sollen solche Gesellen wie ich zwischen Himmel und Erde herumkriechen[3])?" Solche Äußerungen über sich selbst sind ironische Spiegelbilder, die Hamlet seinem jeweiligen Gegenüber hinwirft und absichtlich ausspielt. Vereinzelt bedeuten sie nicht so viel als sie sagen. In jeder einzelnen spielt Hamlet mit den anderen und mit sich selbst.

Als Spieler seines Bewußtseins und zugleich als Opfer erscheint Hamlet. Spieler ist er, wenn er alles verachtet in einer geistigen Überlegenheit, die nicht mehr fühlt. Hamlet leidet unter seiner gefühllosen Geistigkeit, die er immer wieder aufpeitscht, die aber nicht über die Worte hinauskommt und ironisch ihm selbst, dem anderen Hamlet, dem Opfer begegnet[4]). Das Ideal des geistig überlegenen Hamlet ist der nicht der Leidenschaft unterworfene Mensch — „Gebt mir den Mann, den seine Leidenschaft nicht macht zum Sklaven, und ich will ihn hegen im Herzensgrund, ja in des Herzens Herzen wie ich dich hege."[5]) Er selbst ist einer Leidenschaft unterworfen, der des Erkennens. Sie ist auf das Triebwerk des dunklen Spiels ge-

[1]) II, 2, 298—360. [2]) Vgl. dagegen Lear, Timon. [3]) III, 1, 123.
[4]) Monolog II, 2. [5]) III, 2 zu Horatio.

richtet, und er gibt sich ihr hin, nicht nur unter der Maske eines Müßigen, sondern als ein wirklich Müßiger.

Im Unterschied zu Brutus ist Hamlet ohne Ideal, das den Glauben an eine positive Umgestaltung wecken könnte. Aber etwas von der Haltung des Brutus, von dem unentwegten Aushalten, wird als Ideal anerkannt, das „Auf der Strecke bleiben" Brunos[1]). Hamlet erlebt nicht den Aufruhr Lears, noch die Lust, daß man so und nicht anders ist, wie sie Brutus erfährt. Losgelöst vom Dasein (vgl. alle Todesbetrachtungen!) lebt Hamlet im Versuch, doch auf der Strecke zu bleiben, doch Mitspieler zu sein bis zuletzt. Unfähig zum unbedingten Welt- und Selbsthaß Timons oder Lears, ohne Unmittelbarkeit der Existenz — nicht nur den anderen, auch sich selbst gegenüber — ist Hamlet aber doch gebunden an ein immer erregtes Bewußtsein der Verantwortlichkeit seines Mitspiels. Unter einem Zwang handelt er in der Rolle des Bekehrers, der jedem den Spiegel vorhält und jedem das Gewissen aufruft, nicht zuletzt sich selbst. Er verneint Menschen, die ohne jede Selbstverantwortlichkeit spielen, die Mutter, auch Ophelia, die Höflinge — „die Schwämme" —, den König[2]), aber auch sich selbst, den Spieler Hamlet, der im Bewußtsein doch immer außerhalb des Weltlaufs existiert und nur manchmal zu plötzlichen Griffen in die Handlung gezwungen, diese wie blind und bewußtlos ausführt. Dann zwingt ihn die zu große Nähe des Spiels der anderen zu einer plötzlichen Verschärfung ins Aktive, um doch wieder in die Haltung des Opfers zurückzufallen, mit dem das eigene Bewußtsein weiterspielt und das sich weiter an der wirkungslosen Haltung seines Bewußtseins quält. Noch sein letztes Handeln und der Untergang sind nur Oberfläche, geschehen nur dem Opfer, nicht dem Spieler Hamlet. —

In einem Augenblick läßt sich die einzelne Existenz festhalten — in einem Augenblick, in dem sie in der Sphäre durchdringender Bewußtheit — der Sphäre des Individuellen, das eigene Wesen erfaßt. So wurde in Lear der erste Augenblick aufgenommen, in dem er nicht weiß wohin und zu sich selbst kommen muß, in Macbeth, der erste Augenblick, in dem er seine Tat allein tragen muß — die Frau ist tot. So ein Augenblick versinkt. Nur in Hamlet ist er ununterbrochen, wie eine ewige Gegenwart, die mit Hamlets Tod keinen Abschluß findet.

---

[1]) Bruno, Werke, I, 73 (deutsch Kuhlenbeck): „Nicht nur der verdient Lob, der den Sieg davonträgt, sondern auch, wer auf der Strecke bleibt, wenn er nur nicht als Feigling und eitler Prahlhans stirbt. Er wirft die Schuld seiner Niederlage und seines Todes auf das Schicksal . . ."

[2]) IV, 2.

In allen ist die Erfahrung der Selbstbewußtheit zugleich die des Versagens, der Ohnmacht. Die Selbstverständlichkeit des Realen trägt nicht mehr sondern entgleitet ins Chaotische. Und der Weltlauf, das Gegenspiel des einzelnen, nimmt diesem die titanische Verkleidung und drängt seinen Daseinskreis in eine solche Enge, daß er mit sich selbst zusammenstößt.

Was ist er dann? Sein Streben — eine heroische Illusion? Sein Denken über die Wirklichkeit — ein Denken ohne Anfang und Ende? Was ist dann die Individualität als solche — die eines Macbeth, Lear, Hamlet? Ein Selbständiges? Das reale Endliche — als seiend? Wie ist sie? — „formell" — nur Schicksalsmoment wie in HEGELS Betrachtung?

## III. Hegels Interpretation dieser Welt.

HEGELS Interpretation sieht die Shakespearewelt in der Perspektive: „die formelle Selbständigkeit der individuellen Besonderheiten."

Er stand einmal auf der Aarbrücke: „Man erblickt hier in der Nähe das gewaltige Rasen der Wellen gegen die hervorstehenden Felsen und begreift nicht, wie sie diese Wut festhalten können. Nirgend erhält man einen so reinen Begriff vom Müssen der Natur, als beim Anblick des ewig wirkungslosen und ewig fortgesetzten Rasens einer hervorgetriebenen Welle gegen solche Felsen[1])." So betrachtet HEGEL später die Individualität. Das ist die einzige Nähe, in der HEGEL zu ihr steht — auf einer „kühnen Brücke" — und im Schauen des wirkungslosen Kampfes und Untergehens ganz erfaßt von dem Zwang, der das geschehen läßt. So erfaßt ihn an der Individualität nur der Zwang einer „abstrakten Notwendigkeit", der sie einkreist — und verdrängt in seinem Begriffskreis das Interesse an einer Auseinandersetzung, an der Frage nach der individuellen Möglichkeit, den Zwang aufzulösen — unter dem Schein des Unterganges — im Versuch, der als solcher die Wirklichkeit des Individuellen ist. Was geht unter? und was ist im Untergang?

HEGEL hat eine Anschauung des Untergangs von oben her. So kann er ihn immer betrachten und mit meisterhafter Technik darstellen: „Ein solches Gemälde müßte dem Auge so nahe gebracht werden, daß es Mühe hätte, das Ganze zu überblicken, es nicht neben andere Gegenstände versetzen könnte und so völlig allen Maßstab verlöre" — so denkt sich HEGEL die Technik, die einen Wasserfall darstellen könnte. „Die ewige Auflösung jeder Welle, jedes Schaumes, die das Auge immer mit sich herniederzieht, die keine Terze lang ihm die gleiche Richtung des Blicks erlaubt[2])."

So ist es mitten in der Phänomenologie. In ihr stellt sich eine Bewegung so dar, daß man scheinbar darin steht; aber sie ist beherrscht vom sie einschließenden Resultat. Eine Felsensubstanz steht unter

---

[1]) Tagebuch der Reise in die Berner Oberalpen 1796 (ROSENKRANZ: Hegels Leben, S. 481).

[2]) Tagebuch der Reise 1796 (ROSENKRANZ: Hegels Leben, S. 479).

der dialektischen Bewegung, und diese selbst täuscht das Denken nur darüber hinweg. Die Anschauung eines ohnmächtigen Kampfes der Einzelwelle gegen den Stein taucht wieder auf in einer Denkbetrachtung der Individualität und der „Notwendigkeit" — derselben Notwendigkeit, die HEGEL dann als Fatum der Shakespearewelt begreift. „Dies erscheint hiermit so, daß das Individuum nur zugrunde gegangen und die absolute Sprödigkeit der Einzelheit an der ebenso harten aber kontinuierlichen Wirklichkeit zerstäubt ist[1])." Die Krise als solche, das Nebeneinanderbestehen eines Gegensatzes, das Ringen als etwas, das nicht einfach zerstäubt, sondern in Einzelerfahrungen abfällt, zusammenbricht, zersplittert — und eine Selbstanschauung mitten in der Zersplitterung bleibt von HEGEL unerkannt und liegt nicht in den Möglichkeiten seiner Erfahrung. Er steht immer darüber — auf der „kühnen Brücke".

HEGEL sieht klare scharfe Tatsachen des Bewußtseins. Und doch denkt man sich mißtrauisch in diese Klarheit hinein, die ganz Geist geworden ist. Ein Schein? Sie hält alles aus, weil sie alles abstreift und sich in sich selbst bewegt. Sie ist jenseits von uns selbst. Man könnte fragen: Darf man das? Sich so ganz jenseits aufhalten? Und der Ursprung des Mißtrauens ist: Warum das alles? um sich in Klarheit und Vollkommenheit zu bewegen? Aber die Wahrheit ist gar nicht das Klare, Vollkommene, das man sich selbst schafft: — Solange noch etwas dunkel ist, verbirgt sich immer noch die Wahrheit in dem Dunkeln — und jede neue Frage, jede neue Auseinandersetzung trägt in sich mehr Möglichkeit des Erkennens als das Spiel einer Erkenntnis, die sich selbst erzeugt. Sie gibt ein wundervolles Schauspiel. Und? — Die Brücke, den „Standpunkt" des reinen Wissens" — auf den man sich erhebt im absoluten Akt, „wodurch Ich von sich selbst gereinigt wird und als abstraktes Ich in sein Bewußtsein tritt"[2]) — das leere Ich, das einsame Ich, von dem zu nichts mehr eine Beziehung über sich selbst hinausgeht[3]). Und die Individualität der Shakespearewelt?

In einer Reihe von Einzelbildern werden in der Ästhetik Shakespearenaturen skizziert, scharfe kleine Schattenrisse, zerstreut, — aber im Hintergrund um sie herum zieht sich HEGELS Gedankenkreis. Er drängt sich nicht mehr in die einzelne Gestalt hinein, in das ganz Besondere mit der treffenden Kühnheit des Selbstbewußtseins der Phänomenologie. Er differenziert sich nicht mehr in Gedankenformen so hart und so elastisch wie in der Logik. Die Ästhetik ist mehr ein Schatten HEGELS und bewegt sich im Schatten seines ur-

[1]) Phänomenologie, S. 240. [2]) Logik I, S. 61.
[3]) Vgl. auch ROSENKRANZ: Hegels Leben, S. 212.

sprünglichen Denkens und Wissens. Die Individualität liegt ja immer in dieser Region in HEGELS Philosophie. Sie bleibt in seiner Betrachtung eingeschlossen, aufgeteilt in die helle Zweiheit von Natur und Geist — aber in beiden das Endliche, Außergöttliche[1]).

So folgt Macbeth[2]) dem Denkkreislauf HEGELS, und in den Gestaltabstraktionen der Phänomenologie wäre noch mancher andere Schatten der Shakespearewelt zu finden, untergegangen in philosophierender Verallgemeinerung — Brutus in seinem Streben, Lear, Timon im Wahnsinn ihrer Verzweiflung — aber nicht so greifbar, um als Interpretation gefaßt zu werden[3]). Nur Macbeth und Hamlet[4]) stehn eingeschlossen in die Kreise von Wissen und Nichtwissen als deutliche Gestalten im früheren Denken HEGELS, dunkler, schärfer und mächtiger erfaßt als ihre Nachbilder in der Ästhetik — aber in der gleichen Linienführung.

Als kleinste Kreise einer Interpretation werden die Bilder der Ästhetik hier vorweggenommen. Sie sollen HEGELS Grundauffassung nicht erfüllen; aber sie tragen doch eine auf diese bezogene Bestimmtheit an sich. Der sie umschließende und in sich selbst festgehaltene Begriffskreis bringt sie alle auf eine gerade Linie: „Was wir also zunächst vor uns haben, ist der partikuläre Charakter, der so wie er unmittelbar ist, sein will. Wie die Tiere verschieden sind . . ."[5]).

Hamlet![6]) Warum handelt er nicht? GOETHES Erklärung ist schön. Einen „weit tieferen Zug" weiß die Ästhetik — den des Mißtrauens Geistern gegenüber: „Hamlet zaudert, weil er dem Geist nicht blindlings glaubt[7])." An einer so eindeutig rationalen Haltung zerrinnt alles Problematische in Hamlets Gedankenspiel. Vielleicht ist sie zu gerade gedacht für SHAKESPEARES Hamlet. Sie nähert sich der eines Justizbeamten, — „er wartet ab, sucht in der schönen Rechtlichkeit seines Gemüts nach objektiver Gewißheit"[8]) — eines

---

[1]) X, 2, 196ff. (Ästhetik).

[2]) Fragment bei ROSENKRANZ: Hegels Leben, S. 492ff. Vgl. auch Phänomenologie, S. 474ff. (Der Doppelsinn des Bewußtseins der Individualität). Vgl. auch S. 32 der Arbeit, Anm. 4.

[3]) Vgl. vielleicht Phänomenologie unter „Gesetz des Herzens und Wahnsinn des Eigendünkels" (S. 241ff.). Seit 1778 war HEGEL im Besitz der SHAKESPEARE-Übersetzung WIELANDS. Vgl. auch HEGEL als SHAKESPEARE-Epigone in einem Versuch: „Unterredung zwischen Dreien" (1785). Eine Gymnasiastenarbeit — nach ROSENKRANZ (S. 17): „Das älteste erste Produkt des HEGELschen Schrifttums." Dazu — SHAKESPEARES „Caesar".

[4]) Phänomenologie, S. 474.

[5]) Die Analogie erinnert an ein Kapitel der Phänomenologie, S. 259ff. (bei LASSON überschrieben: „Das geistige Tierreich und sein Betrug . . .").

[6]) Werke X, 1, 296f., 312; X, 2, 204f.; X, 3, 566 (Ästh.).

[7]) Werke X, 1, 297 (Ästh.); X, 2, 204 (Ästh.); auch Phänomenologie, S. 474.

[8]) Werke X, 2, 204 (Ästh.).

Justizbeamten mit der „Untätigkeit einer schönen innerlichen Seele" — eine zweideutige Existenz. Man rührt an das dialektische Räderwerk; es bewegt sich nicht. Die Pole berühren sich nicht. Im einzelnen sind sie weit auseinandergetragen. So entstehen zwei Hamletgestalten. Die eine zweifelt an Geistererscheinungen, die andere plagt sich mit dem Problem eines methodischen Totschlags: „Hamlet ist zwar in sich unentschieden doch nicht zweifelhaft was, sondern nur, wie er es vollbringen soll[1])."

Macbeth[2])! Die Ästhetik geht auf die Chroniken zurück, um zu finden, in was für eine „Kollision" Macbeth geraten ist. Und man entdeckt: es war nur eine Erbschaftsfrage[3]). An ihr wurde Macbeth ein Verbrecher — so wie Hamlet an einem Mord zum Justizbeamten — zurückversetzt in ungeordnete Zustände. Aber „diese Berechtigung Macbeths, welche aus den Chroniken hervorgeht, hat SHAKESPEARE ganz fortgelassen, weil es nur sein Zweck war, das Schauderhafte in Macbeths Leidenschaft herauszustellen, um dem Könige Jakob ein Kompliment zu machen, für den es von Interesse sein mußte, den Macbeth als Verbrecher dargestellt zu sehen[4])." SHAKESPEARES Zwecke! Ein Recht ist nicht mehr da — dafür „ein geheimster eigenster Wunsch" — eine unheimliche Macht. „Aus dem Bereich der Kunst aber sind die dunklen Mächte gerade zu verbannen, denn in ihr ist nichts dunkel, sondern alles klar und durchsichtig, und mit jener Übersichtigkeit ist nichts als der Krankheit des Geistes das Wort geredet . . ."[5]). Die Hexen sind verbannt. Und der Wunsch? Wo ist die gerade Linie dieser geheimsten Wünsche? Die Spannungsfläche solcher Wünsche, die nicht ergriffen werden, sondern vielmehr von allen Seiten ergreifen — auf die isoliert eine Existenz zur Wunscherfüllung getragen wird, die sie nie mit ihrem bewußten Selbst gewollt hat — diese Spannungsfläche ist ein „fremdartiges Jenseits" und nicht zugelassen[6]). Das alles hat der kleine scharfe Schatten des Macbeth der Ästhetik im Rücken, wie auch Gestalten der Phänomenologie ihre dunklen Kreise abstreifen in dem letzten eindeutigen Kreis der Selbstgewißheit. Macbeth hat das Schwanken abgetan. Nur gelegentlich kommt er sich „als eine andere fremde Gestalt zur Anschauung"[7]) — in der Phantasie. Als Wirklichkeit ist er ganz Verbrecher[8]).

So ist Lear[9]) ganz Tor, der verrückt wird, ohne Umkehrung, ohne Augenblick der Besinnung. Diesem Augenblick und dem in ihm

[1]) Werke X, 1, 312 (Ästh.).
[2]) Werke X, 1, 267 (Ästh.). Vgl. als Ergänzung S. 32 der Arbeit.
[3]) Werke X, 1, 296 (Ästh.). [4]) Siehe Anm. 1. [5]) Werke X, 1, 311 (Ästh.).
[6]) Werke X, 1, 311ff. (Ästh.). [7]) Werke X, 1, 539 (Ästh.).
[8]) Werke X, 2, 197 (Ästh.). [9]) Werke X, 1, 185f. (Ästh.).

offen bewegten Räderwerk entnommen, bleibt nur der scharfe Schatten — Lear in der Gewalt des Bösen und „das Böse in seiner ganzen Gräßlichkeit". Timon[1]) erscheint als ein „ganz äußerlicher Menschenfeind" — Julia[2]), schön und haltungslos. Als unmögliche Existenzen treten SHAKESPEARES Rüpel[3]) vor: „da kann man sagen: wie kommen so geistreiche Individuen dazu, sich mit solcher Tölpelhaftigkeit zu benehmen?" Aber auch sie lassen sich in eine ordentliche Richtung erheben. Sie verkörpern ein schönes Pathos: das der Treue gegen sich selbst. Sie ertragen sich selbst. Sie ertragen ihre eigene Tölpelhaftigkeit.

Wesentlich in HEGELS Shakespeareinterpretation ist nicht das einzelne Bild, sondern die Abstraktion dieser Skizzen[4]) — die Individualität der Shakespearewelt als natürlicher Charakter[5]). Auch in dieser Abstraktion werden die dunklen Zusammenhänge beiseitegeschoben: „Wie die Tiere verschieden sind . . . so auch hier die unterschiedenen Charaktere, deren Kreis und Eigentümlichkeit zufällig bleibt, und durch den Begriff nicht fest begrenzt werden kann[6])." So muß der einzelne als einzelner hervortreten, die Individualität „ohne ausgedachte Absichten und Zwecke, welche sie an irgendein allgemeines Pathos knüpfte ... ohne alle weitere Reflexion,

[1]) Werke X, 1, 299 (Ästh.). [2]) Werke X, 2, 201; X, 1, 307, 276 (Ästh.).
[3]) Werke X, 1, 308 (Ästh.).
[4]) Eine Zusammenstellung der Einzelbilder: Macbeth: Fragment bei ROSENKRANZ: Hegels Leben, S. 492ff.; Phänomenologie, S. 474ff. Werke X, 1, 267 (Ästh.) — die „Kollision", eine „Berechtigung" — sie ist nur in den Chroniken zu finden. SHAKESPARES Zwecke. Werke X, 1, 296 (Ästh.) — „Freiheit und Selbständigkeit des Entschlusses" den Hexen gegenüber. Werke X, 1, 311 (Ästh.) — leitender Gesichtspunkt: „das lebendig seinsollende Individuum ... Aus dem Bereiche der Kunst aber sind die dunklen Mächte zu verbannen." Werke X, 2, 197ff. (Ästh.) — „Diese rücksichtslose Festigkeit ..." Werke X, 1, 539 (Ästh.): Macbeth in einer Selbstanschauung. Hamlet: Phänomenologie, S. 474. Werke X, 1, 296f., 312 (Ästh.); X, 2, 204f.; X, 3, 566 (Ästh.). Lear: Werke X, 1, 285f. (Ästh.). Eine Situation (Werke VII, 2, 155f.): Lear und Kent veranschaulicht die magische Gewalt eines überlegenen Geistes über den schwächeren. Dieselbe Situation (Werke X, 2, 187 [Ästh.]) veranschaulicht die romantische Treue des Kent. Othello, als Beispiel erwähnt: Werke X, 1, 273; 10, 2, 197f. (Ästh.). Timon: Werke X, 1, 299. Richard III, als Beispiel erwähnt: X, 2, 197f., 215 (Ästh.). Richard II.: Werke X, 1, 539 (Ästh.). Lady Macbeth: Werke X, 1, 312; X, 2, 197 (Ästh.). Julia: X, 2, 201f.; X, 1, 307; X, 1, 276 (Ästh.).
[5]) Vg. die Definitionen dieses „natürlichen Charakters": Werke X, 2, 196 (Ästh.) — „als Natur, die ist, wie sie eben ist; Werke X, 3, 567 (Ästh.) — als „Charakter, ... dem die Individuen in ihrer Leidenschaft nicht um der substantiellen Berechtigung willen, sondern weil sie einmal das sind, was sie sind, Folge leisten." Die Bezeichnung „natürlicher Charakter" ist gewählt, da HEGEL auch einen diesem entgegengesetzten Charakter denkt, den man als „ideellen" Charakter bezeichnen könnte — „das zum trieblosen Sein gewordene geistige Bewußtsein" (Werke VII, 2, 375) — und eine besondere Form in der Ästhetik — das „ideale Individuum" (z. B. Werke X, 1, 232ff.).
[6]) Werke X, 2, 196 (Ästh.); X, 2, 200 (Ästh.).

aus ihrer eigenen bestimmten Natur, die ist, wie sie eben ist . . ."[1]). „Ohne alle weitere Reflexion" — und doch schwebt in und neben dieser Individualität eine eigenartige Allgemeinheit, eine Reflexion, die „über dem steht und sie über das hinaushebt, was sie ihrem Zustande und ihrem bestimmten Zwecke nach sind, so daß sie gleichsam nur durch das Unglück der Umstände, durch die Kollision der Lage zu dem gedrängt werden, was sie vollbringen[2])."

Man steht einem Doppelwesen gegenüber: dem „Ich-selbst-allein" der Natur, die, unbegreiflich in ihrem Woher und Wohin[3]), untergeht — dem „Ich-selbst-allein" des Geistes[4]), derselben rätselhaften Zweiheit des Seins, die durch den „absoluten Akt" in der Sphäre der Logik und in der Phänomenologie durch das Verhalten des Selbstbewußtseins zu seinen einzelnen Gestalten dargestellt wird. Die Individualität erfaßt sich in dieser Zweiheit als Resultat, als das Endliche, aber nicht so, daß sie mitten darin steht, sondern gleichsam „außerhalb ihrer selbst". Sie schwebt über ihrer eigenen untergehenden Realität[5]).

---

[1]) Werke X, 2, 196 (Ästh.).

[2]) Werke X, 2, 206 (Ästh.). [3]) Werke X, 2, 200 (Ästh.)

[4]) Werke X, 2, 207 (Ästh.); X, 3, 569 (Ästh.): . . . „er macht sie durch das Bild, in welchem sie sich in theoretischer Anschauung objektiv wie ein Kunstwerk betrachten, selber zu freien Künstlern ihrer selbst."

[5]) Vgl. dazu die allgemeine Betrachtung: „das Ziel der Natur ist, sich selbst zu töten . . ." (Werke VII, 1, 695). Als „endlicher Geist" — denn die Natur steht ja solcher Betrachtung „als ein äußerlicher Stoff gegenüber, der gegen die Veränderung, welche wir mit ihm vornehmen, gleichgültig, die ihm dadurch zuteil werdende Idealisierung durchaus leidend erfährt" (Werke VII, 2, 22).

# IV. Kritik an Hegels Interpretation.

Die Verteilung der Individualität der Shakespearewelt in die Zweiheit von Natur und Geist läßt sich in den verschiedenen Ansätzen von HEGELS Macbeth-Interpretation erkennen. In den frühen Interpretationen überträgt HEGEL noch nicht seinen eigenen Standpunkt der Betrachtung in die Bewußtseinshaltung der Shakespeareindividuen. So ist die Bewußtseinssphäre des Macbeth die des „bösen Gewissens"[1]). Ihr entgegengesetzt ist das „versöhnte Gewissen" — eine Reflexion HEGELS, die sich über den in seinem dunklen Schicksal festgehaltenen Verbrecher erhebt und abgewandt von diesem neben ihm hergeht. In der Interpretation der Phänomenologie[2]) erscheint Macbeth im dunklen Nichtwissen, festgehalten in den Folgen des Selbstbetrugs. Und wieder bewegt sich darüber erhoben eine Reflexion HEGELS in der „unbewegten Einheit des Schicksals". In der Ästhetik steht Macbeth als feste Gestalt, in seinen Zwecken durchsichtig — der rücksichtslose Verbrecher[3]). Aber er trägt ein Doppelwesen an sich, eine Natur, die in ihren besonderen Zwecken fortstürmt, bis ein Bruch von außen sie zerstört[4]) — einen Geist, der neben ihm hergeht, in dem diese Natur wie eine fremde Anschauung gegenwärtig ist. Das „Zufällige" erstarrt in seiner Betrachtung zur „Notwendigkeit". Das Wirkliche verwischt sich in ihm in eine Idealität, die er in theoretischer Anschauung festhält[5]). So verlegt nun die Interpretation dieses reflektierende Ich in das Selbstbewußtsein der einzelnen Shakespearenaturen und erfaßt diese als eine Zweiheit, in der die lebendige Existenz sich selbst indifferent wird.

Eine Übertragung des HEGELschen Denkens, in dem Natur und Geist, das Reale und das Ideelle sich in der Sphäre des Betrachtens gegenüberstehen? Oder gehen die Shakespearenaturen auch wirklich in einem solchen Nebeneinander von Nichtwissen und Wissen um sich selbst unter? Steht die Individualität in sich selbst der „Ohnmacht der Natur" gegenüber und entschwebt sie ihrem untergehenden Schattendasein als Geist, als Reflexion[6])? Und sagt be-

[1]) Jugendfragment (ROSENKRANZ: Hegels Leben, S. 482ff.).
[2]) Phänomenologie, S. 474f. [3]) Werke X, 2, 197 (Ästh.).
[4]) Werke X, 2, 198 (Ästh.). [5]) Werke X, 2, 207 (Ästh.).
[6]) Werke X, 2, 206ff. (Ästh.).

rühmte Worte[1])? oder ist das Verhältnis der Reflexion zur untergehenden Natur ein anderes? Ist der Geist in die Sphäre des Untergehenden hineingespannt?

Man fragt sich, ob Macbeth in jenem Augenblick der Selbstanschauung nicht vom Wissen ergriffen wird, wie früher vom Nichtwissen, von den dunklen Wünschen seiner Natur — und sich an den zwei Mächten erschöpft in einer nun hellen Verzweiflung. Nur scheinbar steht dann Macbeth außer sich, nur momentan, um dann um so tiefer in die Enge zu geraten. Aber die Bedeutung dieses Moments wäre, daß nun das Selbstbewußtsein an Spannweite dem Naturbereich des Träumers Macbeth entspricht. Von nun an ist Macbeth nicht mehr „unmittelbar" was er ist, nicht mehr nur „Natur", nicht nur „formell' selbständig, sondern inhaltlich — selbstbewußte Einheit von Natur und Geist, wenn auch verzweifelt.

Auch Hamlet wird als ein Doppelwesen von Natur und Geist gesehen, in einer anderen Artung: „daher das Bewußtsein, das reiner ist als das letztere, das den Hexen glaubt, . . . auf die Offenbarung, die der Geist des Vaters selbst über das Verbrechen, das ihn mordete, machte, mit der Rache zaudert und andere Beweise noch veranstaltet, — aus dem Grunde, weil dieser offenbarende Geist auch der Teufel sein könnte[2])." Hamlets Mißtrauen! Es erscheint wieder in den zerstreuten Skizzen der Ästhetik[3]), eine scharf gezogene Linie, um ein bestimmtes Problem geschlossen und erfüllt als „objektive Gewißheit". Nun sollte diese Bewußtseinshaltung zur Tat führen; aber sie bleibt eine Reflexion, die nichts entscheidet. Entscheidend ist wieder eine Natur „die ist, wie sie eben ist" — die „zaudert und zaudert". Sie zaudert im Mißtrauen, und sie zaudert in der Gewißheit. An ihr geht Hamlet scheinbar zugrunde: auch hier — eine Reflexion, die ihren ganz bestimmten Weg nimmt — und eine Natur, die unbestimmbar in sich selbst eingeschlossen bleibt?

Sucht man in ihr Nebeneinander einzudringen, dann verliert Hamlets Reflexion ihre Bestimmtheit. Das Woher und Wohin seines Mißtrauens ist nicht von dem einzelnen Verbrechen festgehalten. Es löst sich nicht mehr in über den Ereignissen und über ihm selbst stehende Gewißheit auf, sondern ist etwas, das im Selbstbewußtsein nie objektive Gewißheit werden kann; denn dort überschreitet das Nichtwissen immer das Gewußte. Eine dunkle Tat wurzelt sich darin ein und zieht es nun nicht nur in ihre eigene geheimnisvolle Besonderheit, sondern in den Abgrund des Bösen. Die Scheinordnung des Hofes löst sich darin auf. Und Hamlet trägt nun plötzlich die Ver-

[1]) Werke X, 1, 537ff. (Ästh.). [2]) Phänomenologie, S. 474.
[3]) Werke X, 1, 297, 312; X, 2, 204f.; X, 3, 566 (Ästh.).

antwortung für dieses Böse, nicht als einer, der darüber steht — sondern mitten in ihm, im möglichen Bösen, das er nun überall unter der Oberfläche der Indifferenz sucht und erkennt, weil er es einmal erkennen mußte — da, wo es eine Ungeheuerlichkeit war. Er muß nun unaufhaltsam dagegen, nicht nur gegen einen festen Täter — sondern gegen das Böse als Substanz in sich, in jedem Wort, in jeder Handlung. Kampf gegen das Böse? Es ist mehr ein Kampf gegen die Indifferenz als solche, in der das Böse möglich ist und die Scheinordnung durchdringt. Es durchdringt nun alles, eine Flut, die sich nicht abwehren und nicht halten läßt, etwas ganz Elementarisches und doch zugleich in den der Natur am fernsten stehenden Höflingen, in einem künstlich erzogenen Mädchen, in König und Königin.

Es entsteht ein Mißverhältnis von Natur und Selbstbewußtsein. Hamlets Mißtrauen ist viel stärker. Hamlets Natur ist nicht tragfähig für eine solche Last und von Ekel gelähmt und wieder erregt, daß sie von Zeit zu Zeit blindlings um sich schlägt; aber sie wird so nicht frei und bleibt nur ein Lastträger, der nichts endgültig bestimmt. An ihr geht Hamlet nicht unter. Sie versagt zuletzt. Aber ihr Versagen — Hamlets Tod — ist das ganz Bedeutungslose, das einmal kommen mußte. Hamlet kann nicht an einer Natur zugrunde gehen, die er nur immer wie ein Werkzeug der Selbstverantwortung für alles Böse hin- und hergestoßen hat. Auch in den Tod stößt er sie ja fast achtlos hinein — ein Werkzeug des Mißtrauens, das nicht neben ihr hergeht, sondern sie der Realität überläßt, ihre einsame Selbständigkeit zerstört und sie in die Jagd nach der wahren Wirklichkeit seiner bösen Träume hineinzieht: sie kommt darin um.

So ist die Natur in Hamlet wie in Macbeth dem Spannkreis von Wissen und Nichtwissen anheimgegeben: in Macbeth, in einem wesentlichen Augenblick, — in Hamlet, im entscheidenden Ganzen des Daseins. Sie wächst in diesem Kreis nicht ins Schrankenlose. Ihre Beschränktheit wird gerade deutlich, wird herausgefordert in das Mögliche einer Leistung bis zur Erschöpfung — bis sie am Ende ist. Also doch — dem Endlichen verfallen? Die Natur — ja; aber das in ihr Mögliche an Leistung ist ihr zugleich entnommen. Sie ist der Stoff im Werden der Individualität mit der Widerstandsstärke eines auch selbständigen existierenden Chaos, eines im Ursprung sinnlos Dunklen; aber die ihr entnommene Leistung ist anderes — das, an dem Hamlet, Macbeth hervortreten — das Selbst einer individuellen Realität, immer unbestimmt in seinem letzten Woher und Wohin, immer an allem einzelnen bestimmt.

„Zufällig“ — sagt HEGEL. Einzeln — aber wesentlich — könnte von einer anderen Seite des Verstehens her gesagt werden: wesentlich, weil das einzelne im Werden der Individualität auch für das Ganze entscheidend wirkt. Das Ende ist für sich genommen zufällig. Aber zugleich schließt sich im Ende die Wirklichkeit des Ganzen, die Wirklichkeit eines Hamlet, Macbeth, Lear, — so daß man hier die Existenz als einen jeweils geschlossenen Spannkreis erfaßt. Aus ihm entweicht keine der Shakespearenaturen, um außerhalb ihrer selbst zu stehen. Alles einzelne kommt, in solcher Geschlossenheit betrachtet, in eine bestimmte Beziehung. Notwendigkeit? Das Ende — im Tod — ist die Sphäre des Notwendigen, aber eine Sphäre, die solange sie nicht wirklich erreicht ist — zugleich auch das leere Mögliche ist und in diesem leeren Möglichen ist alles Reale, der Natur, des Geistes, des Seins — und ein Werden, in dem die Individualität hervortritt, immer zugleich unmittelbar einzeln — und schon für den Betrachtenden bezogen auf das Ganze, denn sie ist ja in der Shakespearewelt zugleich als Gewordenheit erfaßbar; — nicht bezogen auf das schlechthin Ganze, als Zufälliges, das darin untergeht, sondern auf das einmalige Ganze des eigenen Unterganges.

Für die Existenz als solche ist dieses Ganze dunkel, solange sie im Werden steht. Von den Betrachtern der Individualität als Gewordenheit wird der Kreis des Selbstbewußtseins schon wesentlich erfaßt. So entstehen die Doppelwesen, wenn eine Interpretation das Selbstbewußtsein als geschlossen erfaßt — vom Ende ausgehend — die im einzelnen wirkende Natur aber so, wie sie gerade im Augenblick ist. Eine solche Interpretation trägt das Selbstbewußtsein in eine unberührbare Überlegenheit[1]), und die Natur ins Tierreich. Die Natur wird etwas Gleichgültiges[2]), zugleich objektiv faßbar — nicht als Stoff des Werdens, nicht als Problem — sondern „objektiv wie ein Kunstwerk"[3]).

Das ist möglich, wenn die Existenz stehenbleibt und so den Tod vorwegnimmt — wie Richard II. im Gefängnis. König Richard zerstreut sich in vielen Gestalten und entweicht so in einem eigentümlichen Spiel der eigenen Realität. Und doch zieht die träge Richardnatur den spielenden Geist in sich hinunter, in den Grund der Schwermut. Und was als schöne Objektivierung des Schmerzes bedeutsam wird als eine „Kraft[4])" — zeigt real gesehen in den Abgrund der Selbstauflösung.

Auch Hamlet nimmt den Tod vorweg, aber — nur Hamlets Natur! Hamlets Mißtrauen reißt sie aus ihrer Todessehnsucht heraus. Und

---

[1]) „Welche das, was sie als wirklich, das ist nach ihren Zwecken, Interessen, Handlungen, sind, wegwischt, sie erweitert und sie in sich selber erhöht" (Werke X, 2, 207 (Ästh.).

[2]) Werke X, 2, 206 (Ästh.).

[3]) Werke X, 3, 569 (Ästh.). — „Er gibt ihnen Geist und Phantasie."

[4]) Werke X, 1, 538 (Ästh.).

das Wesentliche ist eben in Hamlet, daß er diesem Tod in sich selbst gegenüber lebt, widersteht — bis eben ein Zufall die zwiespältige Existenz aufhebt. HEGEL erklärt das Ende einer Existenz aus dieser. Aber an dem Ende ist nicht so viel zu erklären als an der Existenz selbst, nicht so viel am zufälligen Tod als an der inneren Dialektik von Leben und Tod in Hamlet selbst, die nicht versöhnend beendigt, sondern abgebrochen wird. Hamlets Todesbetrachtungen liegen in jener vom Dasein gelösten Scheinexistenz, die er bis zum äußersten überwindet — im Versuch.

So stehen sie alle in der unmittelbaren Unabgeschlossenheit, in der Sphäre des Gegenwärtigen. Zugleich stehen sie auch in der Sphäre des Gewordenen — als Ganze — so daß sich hier ein Verstehen auch betrachtend verhalten kann und die Spannweite der Individualität als solche wie die einer einmaligen Welt umfassen darf: eine eigenartige Vermittlung, die der Künstler gibt. Die philosophische Frage durchbricht zugleich den einzelnen dieser Daseinskreise und erfaßt letzthin nur die wieder durchbrochene ungeschlossene Sphäre der Auseinandersetzung eines wesentlichen Augenblicks.

Der Spannkreis kann ganz eng sein, so eng, daß sich kein Wissen wie schwebend herauslöst — selbst nicht, wenn man vom Ende ausgeht. Die Spannung kann sich in einem Wutausbruch entladen wie in Timons erster und einziger Erkenntnis, in der sich seine Natur nicht zurechtfindet[1]). Timon. der Menschenfreundliche, den eine Erfahrung in Menschenverachtung stößt: der Anlaß der Erfahrung ist unwesentlich. Nicht wodurch, sondern daß die Verachtung eindringt, ist das Wesentliche — und dann, wo sie eindringt: in eine schon an sich isolierte Existenz wie Hamlet, Brutus — isoliert in Denkerfahrungen, in einem Ideal — oder in einen Menschen, der nur in der Gemeinschaft mit vielen gelebt hat: die Verachtung nimmt ihm die Existenz selbst, die nur in anderen möglich war. Was sonst verborgen und erstickt wird, tobt sich in Timon aus — die Not eines Menschen, der alle lieben wollte und der sich gezwungen sieht, alle zu verachten. Sein Pathos besitzt nicht den Gehalt der Vernünftigkeit eines betrachtenden Menschenverächters[2]) — so wenig wie das Hamlets. In beiden richtet sich die Verachtung im Wesen gegen sich selbst, gegen eine Scheinexistenz: nur — die Timons war flach unter vielen und die Hamlets spielend und nirgends zu halten. In beiden

---

[1]) Eine Beurteilung: Werke X, 1, 299 (Ästh.).

[2]) Vgl. die Kritik: Werke X, 1, 299 (Ästh.). Vgl. auch die Darstellung eines Menschenverächters, die HEGEL als Gymnasiast gegeben hat in „der Unterredung zwischen Dreien" (1785). Oktavius, im abschließenden Selbstgespräch (ROSENKRANZ: HEGELS Leben, S. 454).

ist die Menschenverachtung ein Leiden — nur verzehrt sie den einen nach innen und den anderen in einem hilflosen Wutausbruch.

Auch Othellos Geist ist niemals eine Kraft, die ihn aus der tragischen Enge seiner Natur heraustragen könnte. Er leuchtet mitten in ihr auf, ohne aber ihren Spannkreis zu überschreiten: „Und wenn ich dich nicht liebe, dann kehrt das Chaos wieder[1])" —. Eine plötzliche Einsicht, die nichts entscheidet, in der alles schon entschieden ist in ihrem Ineinander von Ungewißheit des Geistes und Unbedingtheit der Natur. Eine Auseinandersetzung entsteht erst in der Erkenntnis des schuldig Gewordenen — aber in derselben Enge, nur daß der unbedingten Natur nun die gleiche Unbedingtheit des Wissens gegenübersteht und der ursprüngliche dunkle Spannkreis nun einer ihn durchdringenden Selbstverantwortung ausgeliefert ist.

Und Lear? Zuerst der tobende Weltkreis und in ihm die tobende Learnatur. Dann bricht das Toben zusammen in einer kläglichen Bewußtheit. Und dann ist diese klägliche Bewußtheit stärker als alles andere. Aber der Geist schwebt nicht in theoretischer Selbstanschauung wie ein freier Künstler im Sinne der Ästhetik. Er zerrt Lear in den Wahnsinn, und er wohnt mitten im wahnsinnigen Lear, der sich an ihn wie an einen Traum festhält, in dem er neue Geltung erreichen könnte, unabhängig vom äußeren Weltzustand, wie die frühere es nicht war: in einem neuen Wissen — „Späher Gottes". Und dann bricht die träumende Learnatur zusammen. —

Jeder Interpretationsversuch gerät in einen geschlossenen Spannkreis, aus dem keine der Shakespearenaturen entweicht, um als Geist außerhalb ihrer selbst zu stehen. Und doch ist eine Grenzüberschreitung zugleich jeder eigentümlich. Jede hat sich selbst überschritten. Der Zustand der Selbstentfremdung, in dem sie ist, wird ihr vermittelt durch eine Erfahrung, die sie erschüttert: die Erfahrung ihres eigenen Seins, Tuns, ihrer Unwesentlichkeit. Lear, der allein Mächtige, der in leerer Machtwillkür und in seiner ihn tragenden Allgemeingeltung Geblendete — und nun Lear im Sturm, der kraftlose Einsame, der die Einsamkeit nicht erträgt: er erfährt die Ohnmacht seines individuellen Daseins. Macbeth, der in Traumallgemeinheit befangene Täter, — und nun Macbeth, der erwacht, das Opfer eines Traums, das über seine Kraft hinaus handelte und sich erschöpft hat: er erfährt, daß er alles tun konnte und nichts ist. Hamlet, der geistig dem Dasein Überlegene, vom Dasein Gelöste, der im Geistigen die Grenze spielend, träumend überfliegt — und nun Hamlet, in seiner unwesentlichen Geistigkeit zu einer Verantwortung gezwungen, der in sie hineinverstrickt seine Über-

[1]) III, 3.

legenheit einem verzweifelten Ringen preisgibt: er erfährt ihre Grenze. — So steht jeder in sich selbst dem „Endlichen" gegenüber.

HEGELS Methode kann die Lage nicht durchdringen: „In diesen Charakteren unseres Kreises, bei der Zufälligkeit dessen, was sie als ihren Zweck ergreifen, und der Selbständigkeit ihrer Individualität, ist keine objektive Versöhnung möglich"[1]). Die Lage bleibt hier unauflösbar — die Existenz in ihr, ohne jede „ideelle" Geltung. Sie ist nicht in HEGELS Begriff aufgenommen — das Unbegreifliche: „Der Zusammenhang dessen, was sie sind und was ihnen widerfährt, bleibt teils unbestimmt, teils aber ist für sie selber kein Woher und Wohin aufgelöst"[2]). Dogmatisch vom Verstehbaren ausgeschlossen bleibt das Wesen dieses „Endlichen" — die Individualität als solche — im Dunkeln.

Die Natur geht zugrunde. Der Geist erstarrt betrachtend in einem „Es ist so". Das Innere dieses „Es ist so" ist das ganz Rätselhafte des Geistes. Er hat kein Inneres. Er hat nur die Betrachtung, in der die Natur festgehalten wird — als untergehend. Er steht nicht in ihr, sondern über ihr, „steinern[2])" — auf dem „Standpunkt der Notwendigkeit[3])." HEGEL setzt den abstrakten Gegensatz — man könnte ihn den von Ich und Begriff nennen — und überspringt seine philosophische Aufgabe einer versöhnenden Auflösung: „Das Fatum als abstrakteste Notwendigkeit kehrt hier noch einmal wieder zurück[4])."

Der von HEGEL dunkel gelassene „Sprung der Individualität in das Entgegengesetzte[5])," dem er die Konstruktion einer abstrakten Notwendigkeit unterschiebt, ist aber, wie oben in der Veranschaulichung schon angedeutet wurde, von der Individualität selbst erfahren. Diese Erfahrung ist kein Rätsel ohne „Woher und Wohin"[6]), und das Individuum macht sich nicht steinern in einem „Es ist so" . . . „ohne Reflexion wozu, weshalb" — wie es HEGEL sieht, sondern es löst sich selbst darin auf. Seine „formelle Selbständigkeit", das falsche Wesentliche, fällt von ihm ab. Aber in dieser Erfahrung geht das Individuum nicht unter, sieht nicht sich selbst versinken, sondern nur die Scheinexistenz, die an ihm gezehrt hat.

---

[1]) Werke X, 2, 199f. (Ästh.). [2]) Ebenda S. 200. [3]) Ebenda S. 207.

[4]) Vgl. zur Begriffsbildung „Notwendigkeit", Phänomenologie, S. 238ff., besonders S. 241: „Die abstrakte Notwendigkeit gilt also für die nur negative unbegriffene Macht der Allgemeinheit, an welcher die Individualität zerschmettert wird." Vgl. auch S. 17 der Arbeit. Die Individualität als religiöse Existenz steht in der gleichen Sphäre. Für beide Existenzweisen — die religiöse wie die unreligiöse — wird in HEGELS Auffassung diese „Notwendigkeit" indifferent. Sie wird betrachtend hingenommen.

[5]) Phänomenologie, S. 240.

[6]) Werke X, 2, 200 (Ästh.) und Phänomenologie, S. 240.

Die Einsicht, die Hegel ergreift, ist das „Ich selbst allein" der äußersten Indifferenz[1]). Im Selbstbewußtsein der Shakespeare-individuen dagegen weckt jene Erfahrung eine Erkenntnis, in der Lear zerbricht und wahnsinnig wird, Macbeth sich innerlich aushöhlt, Hamlet sich peinigt. Indifferenz? Sie stehen dem unbewußten Ich, das vorher einfach handelte, gegenüber als einem „fremden Wesen"; aber dieses Sichgegenüberstehen ist nicht das letzte Moment ihrer Existenz[2]) und das fremde Wesen ist nicht „absolut" fremd. Es greift in Lear zurück, es zieht Macbeth ohne Aufenthalt weiter, und es läßt nicht von Hamlet. Sie bleiben alle auf der Strecke. Sie überleben den Untergang, aber anders als das ruhige Selbstbewußtsein Hegels — unversöhnt in sich selbst. Im Untergang ihrer Scheinexistenz existiert erst das Wahre an ihnen. Es ist nicht das „schlechthin Substantielle" im Sinne Hegels. Es ist Wahrheit, die nur in dieser Existenz Wesentliches ausdrückt und sie über den Untergang erhebt. Und Shakespeare ist Künstler, der auch jeder eine bestimmte Beziehung zum Wesen gibt — zum eigenen Wesen. Shakespeare zeigt Macbeth, den von Anfang an in Abhängigkeit Geschwächten, der trotz der Erkenntnis nichts entscheidet und nichts mehr entscheiden kann. Eine Tat hat über ihn entschieden, die stärker war als er selbst. Lear, der zu hohle Machtform hatte, steht nun in den Trümmern dem Nichts gegenüber, dem absolut Sinnlosen. Für Hamlet, den Daseinsmüden, wird die Auseinandersetzung ein Lebenmüssen, das der Tod nur zufällig abschließt.

Die Krise, in der sich diese Gestalten bis zum äußeren Untergang durchführen, was diese Krise in der „formellen" Persönlichkeit hervorbringt, übersieht Hegel und so auch, daß gerade dann die Persönlichkeit — das „Endliche" — wesentlich wird: „ideell" in sich selbst — nicht „ideell" im „schlechthin Substantiellen" der Begriffsidealität Hegels. Der Scheinzweck einer leeren Allgemeingeltung war ihre Existenz, und das neue Wesen, das sich erhebt, ist ihre Existenz. Die Umkehrung ist in einem Versuch, das Substantielle zu ergreifen, herausgekommen.

Solche Umkehrungen, nicht von einer Einheit getragen und gebändigt, werden Wahnsinn: Lear — oder erscheinen als Wahnsinn, über den Hamlet nur dann Herr ist, wenn er sich in beiden Existenzformen, in der einen durch die andere, beherrscht, wenn er die vom Dasein gelöste in die Wirklichkeit zwingt, die in die Wirklichkeit verstrickte aber möglichst zum Herrn dieser Wirklichkeit erhebt (Macht der Verantwortlichkeit). Er ist Leiden und Wahnsinnstaten

1) Phänomenologie, S. 240. Werke X, 2, 207 (Ästh.).

2) Phänomenologie, S. 241.

ausgeliefert, wenn er das nicht erzwingt. In den meisten Gestalten vollzieht sich die Umkehrung einmalig und geht aufs Ganze. Nur in Hamlet ist sie gebrochen, vielfältig am einzelnen, da nur Hamlet in größerer Beweglichkeit des Erkennens existiert.

HEGEL sieht in den Shakespearegestalten nur starre Konsequenz, steinerne Festigkeit, erkennt die Gegensätzlichkeit der Verhältnisse und Individuen untereinander. Aber — „ein dialektisches Räderwerk gleichsam mitten in das Individuum selbst hineingesetzt" wäre nach seiner Meinung das Prinzip einer „schiefen Kunstdialektik" — und in ihr „das Subjekt als diese Subjektivität nur eine leere unbestimmte Form[1])." Sie widerspricht der Zweckerstarrung, in die der wahre Charakter verfallen muß[2]). Ein Interpretationsversuch wie dieser ist gerichtet: „Jetzt machen sie auch Shakespeares Charaktere gespenstig, und meinen, daß die Nichtigkeit und Halbheit im Schwanken und Übergehen, daß die Quatschlichkeit eben für sich interessieren müsse[3])." Die „Quatschlichkeit" —. Das Ideale aber besteht darin, daß die Idee wirklich ist, und zu dieser Wirklichkeit gehört der Mensch als Subjekt und dadurch als in sich festes Eins[4])." „Festes Eins" —: So wird die spröde Einzelheit erfaßt — und dann, daß sie zerbricht, nicht, was unter der Form und im Zusammenbruch sein könnte: jede — „ein eigener Ansatz" im Geltungsbereich des Endlichen[5])". Die innere Dialektik ihres Zusammenbruchs, in der auch diese „schönsten Beispiele von in sich festen und konsequenten Gestalten" in ihr Gegenteil umschlagen, übersieht und bestreitet HEGEL. Für ihn stehen diese Individuen auf dem „Standpunkt der Notwendigkeit", um von ihm aus „alles und sich selber" gleichsam außer ihrer selbst versinken zu sehen." Indem er sie auf diesen Standpunkt der Indifferenz erhebt, höhlt er sie innerlich aus und erfaßt nicht das Wesen dieses „Endlichen", das nicht nur formell mit sich selbst zusammengegangen ist[6]), sondern inhaltlich und „selbständig seiend" — nicht als „Moment" einer selbstgenügsamen Allgemeinheit, in der es sich indifferent wird — sondern ganz real.

Wo diese Individuen mit sich selbst weitergehen, das Gewesene zugleich die Krise des Gegenwärtigen herbeiführt und die gegenwärtige Existenz sich auf das Gewesene bezogen erkennt, da ist eine

---

[1]) Werke X, 2, 207 (Ästh.).

[2]) „Denn zum wahren Charakter gehört einerseits ein wesentlicher Gehalt der Zwecke, andererseits das Festhalten solchen Zwecks, so daß der Individualität ihr ganzes Dasein verloren wäre, wenn sie davon ablassen und ihn aufgeben müßte" (Werke X, 1, 88ff. [Ästh.]).

[3]) Ebenda S. 313. [4]) Ebenda S. 313. [5]) Logik I, 136.

[6]) Wie HEGEL das darstellt: veranschaulicht in der Ästhetik, begrifflich in der Logik als das „Endliche", im Progreß ins Unendliche.

Einheit in der Existenz selbst — eine gegensätzliche. Ihr steht HEGELS abstrakte Begriffseinheit gegenüber, der hohle Kreis, das Sein, das sich erzählt und erschöpft: Dort — die spröde Einzelheit auf der zweipoligen Existenzlinie, die eine Scheinsubstanz verloren hat ins Unerreichbare und sich selbst als Grenze erfährt. Ihre Allgemeingeltung fällt ab, aber der Versuch hat sie einmal auf den Gipfel und in die Tiefe ihrer selbst gebracht. Sie hat sich selbst versucht.

HEGEL sieht dem zu und gibt die Erklärung aus einem an sich bestehenden Allgemeinen heraus. Sie ist vernichtend für jeden, der sich selbst versucht. Bei SHAKESPEARE ist der Versuch das Wesentliche — die Wirklichkeit — „ein Ansatz, ein neuer Akt". HEGEL sieht klar, daß jeder individuelle Versuch unterwegs bleibt, jede Scheinsubstanz zusammenbricht, daß man versagt, wenn man von sich selbst aus das Ganze will. Das Unendliche wird so immer wieder das „Schlecht-Unendliche". „Diese Unerreichbarkeit ist aber nicht seine Hoheit, sondern sein Mangel, welcher seinen letzten Grund darin hat, daß das Endliche als solches als seiend festgehalten wird. Das Unwahre ist das Unerreichbare; und es ist einzusehen, daß solches Unendliche das Unwahre ist[1])." So richtet HEGEL den individuellen Versuch und erkennt nicht, was in ihm das Versagen bedeuten kann.

Das Individuum überwindet den Schein des Wahren (des endlichen Wahren) nur dann, wenn es auch an der Grenze seines Könnens steht, im Versagen, dem Augenblick, der ihm die Grenze seines Erkenntnisversuchs zeigt, in der Auseinandersetzung mit dieser Grenze — und jedes „Hinaus" ist „ein eigener Ansatz, ein neuer Akt." Eine solcher Erkenntnisversuch fällt deshalb nicht auseinander. Er wird von der Einheit des Subjekts getragen und er gibt das Wahre als das Unerreichbare nicht auf; denn die Grenze, auf die er sich bezieht und mit der er zusammengeht, ist noch nicht endgültig in den Kreis umgebogen, über den nichts hinausgeht.

Nur in HEGELS Begriff der wahrhaften Unendlichkeit ist kein Hinaus mehr möglich — und der Kreis, in dem sich diese Unendlichkeit bewegt, „die sich erreicht habende Linie, die geschlossen und ganz gegenwärtig ist, ohne Anfangspunkt und Ende[2])." Dieser Kreis ist selbst die spröde Einzelheit, die letzte Selbstgenügsamkeit, die sich nicht mehr als Versuch, sondern als das Ganze darstellen will. Sie ist das extrem Individuelle in HEGELS Versuch, über das er nicht hinausschreitet. Er setzt die Grenze seiner selbst absolut

---

1) Logik I, 138. 2) Logik I, 138f.

und erhebt sie zum Selbstbegriff, den er erschöpft und zuletzt in inhaltlosem Denken, in allgemeinen Behauptungen erfüllt. HEGELS — „Ich bin ich selbst allein" — eine Absonderung[1]). Er hat sich selbst darin erhellt und zuletzt sich an sich selbst geblendet.

Noch eine Frage: Von HEGEL wird die Geltungsmöglichkeit der Individualität in einem „gesetzlich geordneten Staate" verneint[2]) — wenigstens die des „idealen Individuums"[3]). Es ist nicht etwas, das in jedem einzelnen unter allen möglich wird, sondern von einem idealen Weltzustand bedingt. Es braucht einen besonderen Boden — „die älteren Tage der Vergangenheit." Ist die Shakespearewelt einem solchen besonderen Boden, einem idealen Weltzustand gemäß[4]) — dann war die ganze Fragestellung ein romantisches Philosophieren, dann ist sie schon durch den Stoff selbst in eine Idealität geraten, die sich der wirklichen Gegenwart entzieht und sie vergessen läßt!

Aber was ist die wirkliche Gegenwart? Ein Augenblick in der Sphäre des Vorübergehenden. Der Weltzustand selbst ist eine solche Sphäre, ist in ihr. Er kann die Form der „vollständig festgestellten Ordnung" tragen. Und wenn diese Form alles wäre, dann ist die Individualität im „inneren Mittelpunkt" untergegangen, eine ideale dritte Realität — oder, wie HEGEL weniger verklärend als an anderer Stelle[5]) sagt: „Auch dann aber sind und bleiben die einzelnen Individuen immer nur das Beiläufige und haben außerhalb der Wirklichkeit des Staates in sich selbst keine Substantialität."[6]) Die romantische Idealität liegt hier im G l a u b e n an die F o r m des gegenwärtigen Weltzustandes, ein Glaube, in dem die Individualität untergeht: Sie verliert in ihm den Boden der Selbstverantwortung. Der objektivierte Weltzustand ist Sache der Auseinandersetzung, nicht Gegenstand des Glaubens. Krieg und Nachkriegszeit könnten das veranschaulichen. Der Krieg selbst war eine Objektivierung jeder Existenz von außen. Die Einzelauseinandersetzung blieb doch. Sie steht immer einem Notwendigen gegenüber, ob es nun aus der eigenen

[1]) — „daß Ich Anfang und Grund der Philosophie sei, dazu wird die Absonderung dieses Konkreten erfordert — der absolute Akt, wodurch Ich von sich selbst gereinigt wird und als abstraktes Ich in sein Bewußtsein tritt" — (Logik I, 61). Vgl. SCHELLING, Werke I, S. 335 — ein Urteil: „Hätte meine Welt keine Schranken mehr, so wäre alle objektive Kausalität als solche für mich vernichtet. Ich wäre absolut. — Aber der Kritizismus würde in Schwärmerei verfallen . . ."

[2]) Werke X, 1, 236 [Ästh.]. [3]) Definition, z. B. Werke X, 1, 232 (Ästh.).

[4]) HEGELS Versuche, SHAKESPEARES Welt in diesem Weltzustand unterzubringen, fallen auseinander (vgl. Werke X, 1, 244, 274; X, 2, 218 (Ästh.)): Am Ende ist ihr jeder Boden genommen und sie gehört in den „Kreis von Zufälligkeiten", der vom Begriff sich selbst überlassen bleibt.

[5]) Vernunft in der Geschichte, S. 88.

[6]) Werke X, 1, 235 (Ästh.). Vgl. auch ebenda S. 250, die nähere Ausführung; S. 248, das Beispiel.

Natur hervorgeht „die ist, wie sie eben ist“ oder als besonders feste Weltlage einer bestimmten Zeit erscheint oder ob es nun in aller Zeit verwurzelt ist: gerade aus diesem letzten Grund heraus, dem Grund aller Zeit — ist das Notwendige zugleich die Sphäre des Vorübergehenden, und die Auseinandersetzung ist ein Kampf mit und in dem Vorübergehenden, die einmalige des einzelnen. Sie schwebt nicht in der abstrakten Zeit. Sie ist festgehalten von der Sphäre des jeweilig Notwendigen — in jedem, von dem Ring z. B., der in der Realität des Todes die einzelne und jede Existenz einschließt. Die Gegenwart dieser Realität ist nicht immer die nächste greifbare Wirklichkeit. In jedem Augenblick läßt sie sich durch eine Welt verdrängen. Sie ist immer um jeden geschlossen; aber es laufen viele Radien von ihr zur Mitte — alle, Sphären des Vorübergehenden. Und der Weltzustand selbst ist so in den Kreis der Einmaligkeit des einzelnen geschlossen. Er ist so zugleich auch die Enge in der der einzelne mit sich selbst zusammenstoßen muß, die Enge des Möglichen, in der der einzelne den Ring ins Unendliche hinausrücken kann.

Die verschiedene Artung dieser Gegenwart des Notwendigen und des Möglichen kann in ihrer empirischen und ideellen Realität überall veranschaulicht werden: in der Weltanschauung des Mittelalters, in der der späten Renaissance. — Das Mögliche der Welt Dostojewskis ist anders geartet als das Mögliche der amerikanischen Welt. In der amerikanischen Welt hat das Mögliche eine ganz reale Festigkeit, die man immer nur von heute auf morgen zwingen kann in der Sphäre täglichen Rechnens und Handelns. Sie gibt dann auch immer nach in einer alltäglichen Unbegrenztheit. Das Mögliche selbst ist dort Problem. Wer es nicht bestimmt, wird von ihm getragen. Er ist ihm, dem ungeformten Stoff, der Masse, verfallen — oder der Bewegung, im alltäglichen Abenteuer. Masse und Abenteuer, das Mögliche in der Welt Dostojewskis, ist ganz anders geartet, und auch dort kann ihm die Individualität ohne Geltung verfallen sein, der ideellen Masse — den tausend Jahren — dem ideellen Abenteuer.

Die dritte Realität, die der Individualität eigene, die, in der sie „ideell“ existiert, während sie sich in den beiden anderen als Moment des Unpersönlichen bewegt, wäre die der Selbstverantwortung, die der konzentrierten Bewußtheit, die aber alle Lagen durchdringt. In ihr ist die Existenz nicht allem „entnommen“, wie Hegel das scheinbar will, sondern als ein realer Mittelpunkt zu den an sich unpersönlichen Sphären des Notwendigen und Möglichen gesetzt. An diesem Mittelpunkt wird erst das Notwendige und Mögliche wirklich, und es entsteht als Ganzes ein Spannungskreis, in dem die Individualität etwas werden muß.

SHAKESPEARES Gestalten stehen jede in einem solchen ihr eigenen Kreis in einem Augenblick der Selbstbewußtheit, dem sie auch wieder entzogen sind — wie Lear, Macbeth, — oder aber sich nicht entziehen können — wie Hamlet. In diesem Augenblick zeigt sich das ganze Mögliche eines solchen Daseins konzentriert und erschöpft. In Hamlet tritt an die Stelle des einen Augenblicks jeder Augenblick. Im Begriffskreis einer reinen Notwendigkeit, im Begriffskreis HEGELS aber ist der eine und jeder Augenblick unwesentlich; denn es ist da nur das „leblose Einsame", das zum Schein die Gegenwart an sich reißt, indem es sich in einem neuen Kreislauf wieder hervorbringt — aber doch nur zum Schein an anderem als es selbst, und die Gegenwart erstarrt ja auch an seiner zeitlosen Idealität zum Begriffsmoment.

Made in the USA
Las Vegas, NV
10 November 2024

11368260R00033